Die Revisionsklausur im Strafrecht

Rechtsanwalt Nils Fock und Sönke Gerhold

Stand: Februar 2009

Bibliografische Information der Deutschen Nationalbibliothek

Die Deutsche Nationalbibliothek verzeichnet diese Publikation in der Deutschen Nationalbibliografie; detaillierte bibliografische Daten sind im Internet über http://dnb.d-nb.de abrufbar.

ISBN: 9783837097610

Herstellung und Verlag: Books on Demand GmbH, Norderstedt

Vorwort

Das vorliegende Skript richtet sich an Referendarinnen und Referendare, die sich gezielt auf die strafrechtliche Revisionsrechtsklausur vorbereiten wollen und schließt insoweit eine Lücke in der bestehenden juristischen Ausbildungsliteratur.
Um eine effektive Klausurvorbereitung zu ermöglichen, wurde bewusst eine schlanke und am Klausuraufbau orientierte Darstellungsform gewählt, damit das Skript auch neben der häufig sehr zeitaufwendigen Stationsausbildung und in dem kurzen Zeitfenster vor den Klausuren vollständig gelesen werden kann.
Die Fundstellennachweise beschränken sich auf die Standardkommentare und die wichtigsten Gerichtsentscheidungen zu dem jeweiligen Thema, so dass die Gedankengänge anhand der in der Klausur zugelassenen Hilfsmittel, den Kommentaren von *Meyer-Goßner* und *Fischer*, nachvollzogen werden können.
Das abstrakt erlernte Wissen über den Aufbau und den Inhalt einer Revisionsklausur können Sie in einem 2. Teil anhand eines typischen Beispielsfalls wiederholen und auf diese Weise den eigenen Lernerfolg überprüfen.
Namen und Sachverhaltselemente aller Beispiele sind frei erfunden und stehen in keinem Zusammenhang mit realen Personen oder Geschehnissen.

Für Hinweise und Verbesserungsvorschläge zur Vorbereitung der 2. Auflage sind wir stets dankbar!
Für Ihr Examen wünschen wir Ihnen das Beste!

Im Februar 2009

Hamburg — *Nils Fock*
Kiel — *Sönke Gerhold*

A. Einleitung

In der Zweiten Juristischen Staatsprüfung liegt der strafrechtliche Schwerpunkt immer öfter auf dem Gebiet des Revisionsrechts. Da dieses Rechtsgebiet in der Referendarausbildung nur selten zur praktischen Anwendung kommt, fehlt es vielen Examenskandidaten am erforderlichen Grundstock revisionsrechtlicher Kenntnisse. Hier setzt das vorliegende Skript an. Es dient der gezielten Vorbereitung auf die Revisionsrechtsklausur und orientiert sich dabei an der gewohnten Unterteilung der Prüfung in Zulässigkeit und Begründetheit. Der diesem Skript zugrunde liegende Aufbau entspricht demjenigen, der auch in der Klausur gewählt werden sollte.

B. Die Revision

Die Revision ist ein Rechtsmittel, das der Nachprüfung von Urteilen der Vorinstanz auf Fehler in der Anwendung formellen oder materiellen Rechts dient. Der Sachverhalt wird hingegen grundsätzlich als feststehend angesehen und ist nicht revisibel. Die Revision wird daher auch als *beschränktes* Rechtsmittel oder Rechtmittel *in iure* bezeichnet.[1]

I. Zulässigkeit

In der Klausur sollte der Bearbeiter zunächst die Zulässigkeit der Revision in gebotener Kürze prüfen. Hier ergeben sich häufig kleinere Probleme hinsichtlich Form oder Frist, die jedoch bei

---

[1] *Roxin*, Strafverfahrensrecht, 25. Aufl. 1998, § 53 Rn. 1.

Kenntnis grundlegender Regeln lösbar sind.

1. Statthaftigkeit, §§ 333, 335 StPO

Die Statthaftigkeit betrifft die Frage, ob das Urteil der Vorinstanz mit der Revision nachprüfbar ist. Die Revision ist gemäß § 333 StPO statthaft gegen Urteile der Landgerichte in der ersten Instanz (Schwurgericht, gr. Strafkammer und Jugendkammer), der Berufungsinstanz (kl. Strafkammer) sowie gegen erstinstanzliche Urteile der Oberlandesgerichte (Strafsenat). Mit der Sprungrevision (§ 335 StPO) und in Jugendstrafsachen ist auch die Überprüfung amtsgerichtlicher Urteile möglich.

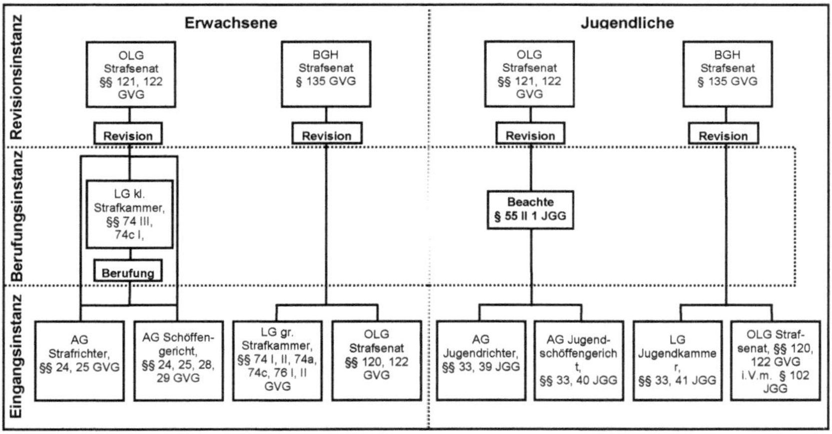

2. Antragsberechtigung

a) Persönlich, §§ 296 ff. StPO

Die persönliche Antragsberechtigung bezeichnet den Kreis der zur Einlegung des Rechtsmittels befugten Verfahrensbeteiligten. Das sind neben Angeklagtem und Staatsanwaltschaft (§ 296 Abs. 1 StPO) auch der Verteidiger (§ 297 StPO) oder der gesetzliche

Vertreter des Angeklagten (§ 298 Abs. 1 StPO). Auch Privatkläger (§ 390 Abs. 1 StPO), Nebenkläger (§ 401 Abs. 1 StPO) oder Einziehungsbeteiligte (§ 437 Abs. 1 StPO) sind antragsberechtigt.

b) Sachlich, § 302 StPO

Die sachliche Antragsberechtigung bezeichnet das Fehlen von Umständen, welche zum Ausschluss eines Rechtsmittels führen. Hierbei handelt es sich um Rücknahme und Verzicht. Die Rücknahme ist die unwiderrufliche und unanfechtbare Erklärung des Beschwerdeführers, die bereits eingelegte Revision ganz oder teilweise nicht weiterverfolgen zu wollen.[2] Der Verzicht betrifft dagegen die ebenfalls unanfechtbare und unwiderrufliche Erklärung eines Antragsberechtigten, ein ihm von Gesetzes wegen zustehendes Rechtsmittel ganz oder teilweise nicht einlegen zu wollen.[3] Mit Rücknahme und Verzicht wird zugleich das Recht auf Wiederholung des Rechtsmittels aufgegeben.[4] Verfahrensbeteiligte, die ein Rechtsmittel zurückgenommen oder darauf verzichtet haben, verlieren daher ihre sachliche Antragsberechtigung.

3. Beschwer

Der Beschwerdeführer ist beschwert, wenn er durch das anzufechtende Urteil unmittelbar in seinen Rechten oder schutzwürdigen Interessen beeinträchtigt ist.[5] Hierbei muss sich die Beeinträchtigung aus dem Urteilstenor ergeben, da nur dieser in

---

[2] *Meyer-Goßner*, 51. Aufl. 2008, § 302 Rn. 2 ff.; BGHSt 5, 341; 10, 247, 37, 17.
[3] *Meyer-Goßner*, (o. Fn. 2), § 302 Rn. 14 ff.; BGH, NJW 1984, 1974; NStZ 1984, 181; 1986, 208.
[4] BGHSt 10, 247; BGH, NJW 1984, 1975.
[5] BGHSt 7, 153; 13, 77; 16, 376.

Rechtskraft erwachsen kann.[6] Für den Angeklagten enthalten daher lediglich solche Urteile eine Beschwer, die sich für ihn nachteilig auswirken. Dies sind regelmäßig all diejenigen, die keinen Freispruch beinhalten. Für die Staatsanwaltschaft wird die Beschwer nur im Falle des § 296 Abs. 2 StPO (Revision zugunsten des Angeklagten) relevant, d.h. sie kann nur zugunsten des Beschuldigten Revision einlegen, wenn dieser beschwert ist. I. ü. kann sie immer zuungunsten des Beschuldigten Revision einlegen. Der Nebenkläger muss gemäß § 395 i.V.m. § 400 StPO geltend machen, durch das Urteil in seiner Stellung als Nebenkläger verletzt zu sein, d.h. eine Verurteilung aus Tatbeständen des Katalogs des § 395 StPO ist zu Unrecht unterblieben. Für den Privatkläger gelten über § 390 StPO ebenfalls die für die Staatsanwaltschaft geltenden Revisionsvorschriften.

4. Ordnungsgemäße Revisionseinlegung, § 341 StPO

Die Revision muss zunächst einmal ordnungsgemäß eingelegt worden sein (§ 341 StPO). Hierbei kommt es auf die Bezeichnung des Rechtsmittels nicht an (§ 300 StPO). So kann sich der Beschwerdeführer noch bis zum Ablauf der Revisionsbegründungsfrist entscheiden, ob er das eingelegte Rechtsmittel als Berufung oder Revision gelten lassen will.[7]

a) Frist, § 341 Abs. 1 und 2 StPO

Die Revisionsfrist beträgt eine Woche (§ 341 Abs. 1 StPO). Sie

---

[6] BGHSt 7, 153; 13, 77; 16, 374.
[7] BGHSt 5, 341.

beginnt bei Anwesenheit des Angeklagten mit der Urteilsverkündung. Wurde das Urteil in Abwesenheit des Angeklagten verkündet, beginnt sie mit dessen Zustellung, sofern es nicht in den Fällen der §§ 234, 387 Abs. 1, 411 Abs. 2, 434 Abs. 1 S. 1 StPO in Anwesenheit eines schriftlich bevollmächtigten Verteidigers verkündet worden ist (§ 341 Abs. 2 StPO). Die Anwesenheit des Verteidigers genügt, da er sich mit dem Angeklagten kurzfristig über die Rechtsmitteleinlegung beraten kann und insofern ein späterer Fristbeginn nicht erforderlich ist.[8] Die Zustellung kann entweder an den Verteidiger oder an den Beschuldigten erfolgen (§ 145a StPO); eine Doppelzustellung ist grundsätzlich unzulässig (§ 145a Abs. 3 StPO). Findet sie dennoch statt, ist fraglich, welche der Zustellungen für die Festlegung des Zugangszeitpunkts maßgeblich sein soll. In diesem Fall ist § 37 Abs. 2 StPO heranzuziehen, so dass die spätere Zustellung maßgeblich ist.

EXKURS: Zustellung

Die Zustellung richtet sich gemäß § 37 Abs. 1 StPO nach den Regeln der ZPO (§§ 166 ff. ZPO). Hiernach ist eine Zustellung die Bekanntgabe eines Schriftstücks an eine Person in einer gesetzlich bestimmten Form (§ 166 Abs. 1 ZPO). Zuständig für Zustellungen im Amtsbetrieb ist die Geschäftsstelle, die ihrerseits einen Justizbediensteten oder die Post mit der Ausführung beauftragen kann (§ 168 Abs. 1 ZPO). Die Möglichkeit, ein Schriftstück an den Verteidiger zuzustellen, ist entsprechend der Regelung des § 145a StPO auch in den §§ 171, 172 ZPO vorgesehen. Kann ein Schriftstück dem Adressaten nicht zugestellt werden, kommt

[8] BT-Drucks. 15/3482, S.1.

eine Ersatzzustellung nach den §§ 178 ff. oder eine öffentliche Zustellung nach §§ 185 ff. ZPO in Betracht.

Die Fristberechnung richtet sich nach § 43 Abs. 1 StPO. Fehlt es im Urteil an der Rechtsbehelfsbelehrung, so hindert dies nicht den Fristablauf. Es ist indes eine Wiedereinsetzung in den vorigen Stand möglich, sofern der Belehrungsmangel für die Fristversäumung ursächlich gewesen ist (§ 44 S. 2 StPO).[9] Im Übrigen gelten für die Wiedereinsetzung bei Fristversäumnissen die §§ 44, 45 StPO. Die Revision kann auch schon vor Zustellung des Urteils eingelegt werden, sofern es bereits verkündet wurde.

EXKURS: Wiedereinsetzung

Hat ein Verfahrensbeteiligter eine ihm obliegende Frist versäumt, ohne dass ihn diesbezüglich ein Verschulden trifft, so kann er einen Antrag auf Wiedereinsetzung in den vorigen Stand stellen (§§ 44, 45 StPO). Die Wiedereinsetzung in den vorigen Stand bewirkt, dass das Verfahren in den Zustand versetzt wird, der bestanden hätte, wenn die Frist nicht versäumt worden wäre.[10] Die Rechtskraft einer aufgrund der Säumnis ergangenen Entscheidung entfällt dadurch.[11] Die Zulässigkeit des Wiedereinsetzungsantrags richtet sich nach §§ 45 Abs. 1, Abs. 2 S. 2 und Abs. 2 S. 1 StPO, die Begründetheit nach § 44 StPO.

I. Zulässigkeit

[9] *Titz*, JA 2002, 66.
[10] OLG Köln, NJW 1987, 80.
[11] *Meyer-Goßner*, (o. Fn. 2), § 44 Rn. 25.

1. Statthaftigkeit

   Der Wiedereinsetzungsantrag ist statthaft bei jeder gesetzlichen oder richterlichen Frist, die keine absolute Ausschlussfrist (vgl. zu den absoluten Ausschlussfristen die §§ 6a S. 3; 16 S. 3; 25, 222b S. 1; 303 S. 1; 388 Abs. 1; 391 Abs. 1 S. 2, 439 Abs. 2 S. 2 StPO) ist.[12]

2. Berechtigung

   Berechtigt zur Einlegung ist jeder Verfahrensbeteiligte.

3. Ordnungsgemäßer Antrag

   a) Frist

   Nach § 45 Abs. 1 StPO muss der Antrag auf Wiedereinsetzung binnen einer Woche nach Wegfall des Hindernisses gestellt werden. Diese Frist wird nach § 43 StPO berechnet, wobei die Kenntnis des Betroffenen vom Wegfall des Hindernisses maßgeblich ist.[13]

   b) Form

   Für den Antrag auf Wiedereinsetzung genügt die Schriftform.[14]

   c) Adressat

   Adressat des Wiedereinsetzungsantrages gemäß § 45 Abs. 1 StPO ist das Gericht, dessen Frist zu wahren war.

   d) Ordnungsgemäße Einlegung

   Der Wiedereinsetzungsantrag muss ordnungsgemäß begründet werden, d.h. Angaben über die versäumte Frist, den

---

[12] *Meyer-Goßner*, (o. Fn. 2), § 44 Rn. 3; Vor § 42 Rn. 6
[13] *Meyer-Goßner*, (o. Fn. 2), § 45 Rn. 3.
[14] *Meyer-Goßner*, (o. Fn. 2), § 45 Rn. 2.
[15] *Meyer-Goßner*, (o. Fn. 2), § 45 Rn. 5.
[16] *Meyer-Goßner*, (o. Fn. 2), § 45 Rn. 8.
[17] *Meyer-Goßner*, (o. Fn. 2), § 45 Rn. 8 f.
[18] *Meyer-Goßner*, (o. Fn. 2), § 44 Rn. 11.
[19] *Meyer-Goßner*, (o. Fn. 2), § 44 Rn. 15 ff.

Hinderungsgrund sowie den Vortrag des Sachverhalts, der ein der Wiedereinsetzung entgegenstehendes Verschulden ausschließt, enthalten.[15] Die vorgetragenen Tatsachen sind glaubhaft zu machen, wobei alle Mittel in Betracht kommen, die geeignet sind, die Wahrscheinlichkeit des Vorbringens darzutun.[16] Eidesstattliche Versicherungen des Angeklagten selbst sind dabei nicht zugelassen.[17]

II. Begründetheit

Der Antrag auf Wiedereinsetzung ist gemäß § 44 StPO begründet, wenn der Antragsteller „ohne Verschulden" verhindert war, die versäumte Frist einzuhalten. Maßgebend ist die dem Antragsteller mögliche und zumutbare Sorgfalt.[18] Das Verschulden des Verteidigers, der Post oder von Justizbehörden wird ihm nicht zugerechnet.[19]

b) Form, § 341 Abs. 1 StPO

Die Revision muss schriftlich oder zu Protokoll der Geschäftsstelle eingelegt werden (§ 341 Abs. 1 StPO). Hierzu genügt die Einlegung per Telefax oder Computerfax, soweit das Schriftstück unterzeichnet ist, oder durch „elektronische Dokumente" (vgl. § 41a StPO). Die Revisionseinlegung muss in deutscher Sprache abgefasst sein (vgl. § 184 GVG).

c) Adressat, § 341 Abs. 1 StPO

Adressat der Revisionseinlegung ist gemäß § 341 Abs. 1 StPO das Gericht, dessen Urteil angefochten wird (*iudex a quo*). Ein inhaftierter Angeklagter kann die Revisionseinlegung auch zu Protokoll der Geschäftsstelle des Amtsgerichts einlegen, in dessen Bezirk die Haftanstalt etc. gelegen ist (§ 299 StPO).

5. Revisionsbegründung, §§ 344, 345 StPO

Die Revision bedarf für ihre Zulässigkeit einer Begründung (§ 344 Abs. 1 StPO). Der Beschwerdeführer muss in diesem Rahmen erklären, aufgrund welcher Mängel er die Aufhebung des Urteils beantragt.

a) Frist, § 345 Abs. 1 StPO

Die Revisionsbegründung unterliegt einer Frist von einem Monat, die mit Ablauf der Frist für die Revisionseinlegung (§ 345 Abs. 1 StPO) beginnt. War das Urteil zu diesem Zeitpunkt noch nicht zugestellt, was praktisch der Regelfall ist, so beginnt die Frist erst mit dessen Zustellung zu laufen (§ 345 Abs. 1 S. 2 StPO).[20] Hierbei ist zum einen § 273 Abs. 4 StPO zu beachten, nach welchem ein Urteil erst zugestellt werden darf, wenn das Protokoll der Hauptverhandlung fertig gestellt worden ist. Zum anderen muss die Zustellung des Urteils an den richtigen Adressaten erfolgt sein. Soll das Urteil nach der Verkündung in Abwesenheit des Beklagten und der Verteidigung gemäß § 145a StPO lediglich dem Verteidiger zugestellt werden, unterzeichnet jedoch ein anderer, in gemeinsamer Sozietät tätiger Anwalt das Empfangsbekenntnis, ist die Zustellung unwirksam.[21] Liegt eine Fristversäumung bei der Revisionsbegründung vor, kommt die Wiedereinsetzung in den vorigen Stand nach §§ 44, 45 StPO in Betracht.[22]

---

[20] S.o.: S. 4.
[21] *Meyer-Goßner*, (o. Fn. 2), § 37 Rn. 19.
[22] S.o.: S. 4 f.

b) Form, § 345 Abs. 2 StPO

Die Revisionsbegründung kann ebenfalls entweder schriftlich oder zu Protokoll der Geschäftsstelle erfolgen. Wird sie schriftlich eingelegt, muss sie von einem Rechtsanwalt eigenhändig unterzeichnet werden.

c) Adressat, § 345 Abs. 1 S. 1 StPO

Adressat der Revisionsbegründung ist der *iudex a quo*, also das Gericht, dessen Urteil angefochten wird.

d) Inhalt

An den Inhalt der Revisionsbegründung werden bestimmte Anforderungen gestellt. Als Aspekt der Zulässigkeit wird an dieser Stelle jedoch lediglich die formelle Vollständigkeit der Begründungsschrift, nicht deren sachliche Richtigkeit geprüft. Sie muss neben den Ausführungen zur eigentlichen Revisionsbegründung auch den vom Beschwerdeführer gestellten, konkreten Revisionsantrag enthalten.

aa) Revisionsantrag, § 344 Abs. 1, 1. und 2. Hs. StPO

Mit dem Rechtsmittel der Revision strebt der Beschwerdeführer die vollständige oder teilweise Aufhebung des angefochtenen Urteils an (§ 344 Abs. 1, 1. und 2. Hs. StPO). Da das Urteil nur geprüft wird, soweit es angefochten wurde (§ 352 Abs. 1 StPO), muss die Revisionsbegründung die Erklärung der Anfechtung und einen konkreten Revisions-antrag enthalten. Geht das Ziel der Revision aus der Revisionsschrift hervor, ist das Fehlen der entsprechenden

Anträge unschädlich.[23] Nähere Ausführungen und Formulierungsvorschläge für die Revisionsanträge finden sich in Abschnitt C dieses Skriptes.

bb) Revisionsbegründung, § 344 Abs. 1, 3. Hs. StPO

Schließlich sind die Revisionsanträge zu begründen (§ 344 Abs. 1, 3. Hs. StPO). Hierbei hat der Beschwerdeführer die Wahl, ob er die Verfahrensrüge und/oder die Sachrüge erhebt (§ 344 Abs. 2 S. 1 StPO).

(1) Verfahrensrüge

Wird die Revision auf die Verletzung einer Verfahrensvorschrift gestützt, ist die Verfahrensrüge zu erheben (§ 344 Abs. 2 S. 1, 1 Hs. StPO). Dazu sind die den Verfahrensmangel begründenden Tatsachen anzugeben (§ 344 Abs. 2 S. 2 StPO).[24]

(2) Sachrüge

Stützt sich die Revision auf sachlich-rechtliche Mängel des Urteils, muss die Sachrüge erhoben werden (§ 344 Abs. 2 S. 1, 2. Hs. StPO). Die Bezeichnung als Sachrüge ist nicht erforderlich, sofern das Vorbringen eindeutig als solche zu erkennen ist.[25]

II. Begründetheit

Das Hauptgewicht der Klausur im Revisionsrecht liegt in aller Regel auf der Prüfung der Begründetheit des Rechtsmittels. Die Revision

[23] BGH, StV 1981, 393; JZ 1988, 367; NStZ 2000, 38.
[24] *Meyer-Goßner*, (o. Fn. 2), § 344 Rn. 20.
[25] BGH, NStZ 1991, 597; 1993, 31; NStZ-RR 2000, 294.

ist begründet, wenn (1.) eine von Amts wegen zu prüfende Verfahrensvoraussetzung fehlt oder das Urteil auf einer (2.) verfahrensrechtlichen oder (3.) sachlich-rechtlichen Verletzung des Gesetzes beruht.[26]

1. Verfahrensvoraussetzungen

In der StPO wird nicht zwischen Verfahrenshindernissen und Verfahrensvoraussetzungen unterschieden. Begrifflich ist jedoch zu beachten, dass Verfahrensvoraussetzungen für die Zulässigkeit des Verfahrens vorliegen müssen, Verfahrenshindernisse hingegen nicht vorliegen dürfen. Zu den Voraussetzungen bzw. Hindernissen zählen im Einzelnen:

a) Verfassungsrechtliche Verfahrensvoraussetzungen/-hindernisse

aa) Immunität, Art. 46 Abs. 2 GG

Die Immunität gemäß Art. 46 Abs. 2 GG erlaubt eine Strafverfolgung von Abgeordneten nur mit Genehmigung des Bundestages oder bei Verhaftung auf frischer Tat. Während des Mandats ruht die Verfolgungs- und Vollstreckungsverjährung; nach seinem Ende beginnt sie wieder zu laufen und eine Strafverfolgung ist wieder zulässig.

---

[26] Bei Revisionen von Staatsanwaltschaft und Nebenkläger sind § 339 StPO (keine Aufhebung zulasten des Angeklagten, bei Verletzung von Rechtsnormen, die lediglich zugunsten des Angeklagten gegeben sind, wie z.B. die §§ 140, 258, 265 StPO) und § 301 StPO (Anfechtung führt immer auch zur Überprüfung zugunsten des Angeklagten) besonders zu beachten.

bb) Strafklageverbrauch oder anderweitige Rechtshängigkeit nach Art. 103 Abs. 3 GG

Aufgrund der materiellen Rechtskraft von Urteilen ist ein neues bzw. weiteres Verfahren in derselben Sache unzulässig (ne bis in idem).[27] Ein erneutes Sachurteil ist ausgeschlossen; ergeht dennoch eines, so ist es nichtig. Aus diesem Grund ist nach Art. 103 Abs. 3 GG auch die Führung von mehreren Prozessen wegen derselben Tat gegen denselben Beschuldigten unzulässig (anderweitige Rechtshängigkeit). Hierbei werfen insbesondere der Tatbegriff und der Umfang der Rechtskraft Probleme auf.

b) Prozessrechtliche Verfahrensvoraussetzungen/-hindernisse

aa) Ordnungsgemäße Berufung

Im Falle eines Urteils einer kleinen Strafkammer muss geprüft werden, ob überhaupt wirksam Berufung eingelegt wurde. Neben den Zulässigkeitsvoraussetzungen der Berufung ist auch das Verböserungsverbot (§ 331 StPO) zu beachten.

bb) Exterritorialität, § 18 GVG

Unter Exterritorialität ist eine Ausnahme vom persönlichen Geltungsbereich des deutschen Strafrechts zu verstehen. Diese Ausnahme gilt für Mitglieder diplomatischer Missionen, deren Familienmitglieder und private Hausangestellte. Sie führt zu einem umfassenden Verbot zur Einleitung von strafrechtlichen Verfahren und sogar von polizeilichen oder staatsanwaltlichen Untersuchungsmaßnahmen in Bezug auf die geschützten Personen.

---

[27] Vgl. BGHSt 5, 328; BVerfGE 3, 251.

cc) Sachliche Unzuständigkeit, §§ 1, 6 StPO

Die sachliche Zuständigkeit in Strafsachen wird für das AG in §§ 24 – 28 GVG, für das LG in §§ 73 – 74d GVG und für das OLG in § 120 GVG geregelt. Die Zuweisung wird nach einem System vorgenommen, das sich teils an der abstrakt angedrohten Höchststrafe, teils an der konkret zu erwartenden Strafe orientiert. Beachte als Ausnahme zu § 6 StPO den § 269 StPO.

dd) Innehaltungsgebot, § 154e StPO

Ist in Fällen der falschen Verdächtigung oder Beleidigung wegen des Sachverhaltes, der Gegenstand der Beleidigung bzw. Verdächtigung ist, bereits ein Disziplinar- oder Strafverfahren anhängig, so soll dieses Verfahren Vorrang haben Zweck der Vorschrift ist es, zunächst die dort getroffenen Entscheidungen und Tatsachenfeststellungen abzuwarten, um widersprüchliche Wertungen des Sachverhalts zu vermeiden.

ee) Fehlen einer wirksamen Anklageschrift, § 200 StPO

In § 200 StPO sind die Anforderungen an den Inhalt der Anklageschrift normiert. Neben dem Anklagesatz sind in dem Schriftsatz das Gericht, der Verteidiger und die Beweismittel zu benennen sowie die erforderlichen Anträge zu stellen (vgl. § 200 Abs. 1 S. 1 StPO). Die Fehlerhaftigkeit der Anklageschrift führt zu ihrer Unwirksamkeit, sofern der Mangel die Funktion der Anklageschrift als solche beeinträchtigt. Das ist z.B. bei Fehlern hinsichtlich der Identität des Angeschuldigten oder der konkreten Tat der Fall.[28]

ff) Unbekannter Aufenthaltsort, § 205 StPO

Lässt sich der Aufenthaltsort des Angeschuldigten nicht ermitteln, so kann das Verfahren nicht durchgeführt werden. Allerdings stellt dieser Umstand kein Verfahrenshindernis im technischen Sinne dar und führt daher nur zu einer vorläufigen Einstellung. Die Regelung des § 205 StPO ist sachlich auf das Zwischenverfahren und funktionell auf den Richter beschränkt. In anderen Verfahrensabschnitten bzw. Handlungen von Polizei oder Staatsanwaltschaft kommt in Ermangelung spezieller Normen eine analoge Anwendung in Betracht.

gg) Tod bzw. dauernde Verhandlungsunfähigkeit, § 206a StPO

Der Tod des Angeschuldigten stellt ebenso wie die dauerhafte Verhandlungsunfähigkeit ein Verfahrenshindernis dar.[29] Aufgrund dessen ist das Verfahren bei Eintritt eines solchen Umstandes nach h.M. gemäß § 206a StPO einzustellen.[30] Die Regelung des § 206a StPO ist ebenfalls auf das Zwischenverfahren und den Richter als Anordnungsperson beschränkt. Es kommt gegebenenfalls eine analoge Anwendung in Betracht.

hh) Fehlerhafter Eröffnungsbeschlusses, § 207 StPO

Das Hauptverfahren wird gemäß § 207 Abs. 1 StPO durch Beschluss des Gerichts eröffnet (Eröffnungsbeschluss). Liegt er nicht vor oder ist er unwirksam, kann eine Hauptverhandlung nicht

---

28 *Meyer-Goßner*, (o. Fn. 2), § 200 Rn. 26.
29 Vgl. BGH, NJW 1983, 463; OLG Hamburg, NJW 1983, 464.
30 Vgl. BGHSt 45, 108; *Meyer-Goßner*, (o. Fn. 2), § 206a Rn. 8.

stattfinden. Eine Unwirksamkeit kann sich aus schweren formellen oder sachlichen Fehlern ergeben.[31]

c) Materiellrechtliche Verfahrensvoraussetzungen/-hindernisse

aa) Anwendbarkeit deutschen Strafrechts, §§ 3 ff. StGB

Die Verletzung einer Strafnorm darf nur vor einem deutschen Gericht angeklagt werden, wenn sie in den Geltungsbereich deutschen Strafrechts fällt. Aufgrund des Territorialitätsprinzips ist dies grundsätzlich der Fall, wenn sie auf dem Gebiet der Bundesrepublik begangen wurde. Ausnahmen hiervon stellen die Exterritorialität (§ 18 GVG, s.o.) und die in den §§ 4 ff. StGB geregelten Fälle dar.

bb) Strafunmündigkeit, § 19 StGB, Minderjährigkeit, § 80 JGG

Ein Kind von unter vierzehn Jahren ist gemäß § 19 StGB schuldunfähig. Hieraus folgt, dass auch kein Strafverfahren gegen das Kind stattfinden kann. Nach § 80 JGG ist zudem das Vorgehen gegen einen Jugendlichen (14 bis 18 Jahre; § 1 Abs. 2 JGG) im Wege der Privatklage unzulässig.

cc) Strafantrag, § 77 StGB, Strafverlangen oder Ermächtigung, § 77e StGB

Aufgrund der Offizialmaxime werden Straftaten in der Regel ohne Rücksicht auf den Willen des Verletzten verfolgt.[32] Ausnahmen hiervon bilden der Strafantrag (§ 77 StGB), die Ermächtigung und das Strafverlangen (§ 77e StGB). Es handelt sich um Prozessvoraussetzungen, die jedoch eine unterschiedliche Wirkung

[31] Vgl. BGH, GA 80, 108; NStZ 1984, 133.
[32] Schönke/Schröder - *Stree/Sternberg-Lieben*, 27. Aufl. 2006, § 77 Rn. 1.

aufweisen. Der Strafantrag ist das in bestimmten Fällen erforderliche Verlangen des Verletzten nach der Strafverfolgung des Täters. Die Ermächtigung hingegen ist die von den Strafverfolgungsbehörden einzuholende Einwilligung des Verletzten in die Strafverfolgung des Täters. Das Strafverlangen schließlich ist die Befugnis einer ausländischen Regierung, die Strafverfolgung des Täters durch inländische Strafverfolgungsbehörden zu verlangen.[33]

dd) Verjährung, § 78 StGB

Die Verjährung (§ 78 StGB) ist der Verzicht des Staates auf Anwendung strafrechtlicher Mittel nach Ablauf einer bestimmten Zeit. Sie beginnt mit der Beendigung der Tat (§ 78a StGB) und endet mit der Rechtskraft des Urteils.[34] Ist Verjährung eingetreten, liegt ein Prozesshindernis vor. Ein bereits eröffnetes Verfahren ist einzustellen.

ee) Mangelnde Verantwortungsreife, §§ 1, 3 JGG

Fehlt einem Jugendlichen (§ 1 Abs. 2 JGG) die Reife, das Unrecht seiner Tat einzusehen und nach dieser Einsicht zu handeln, so entfällt seine strafrechtliche Verantwortlichkeit nach § 3 S. 1 JGG. Ein Strafverfahren nach dem JGG kommt in diesen Fällen nicht in Betracht.

d) Sonstige Verfahrensvoraussetzungen/-hindernisse

aa) Niederschlagung oder Straffreiheitsgesetz

Straffreiheit für bestimmte Taten wird zumeist in Form einer

---

33 Schönke/Schröder - *Stree/Sternberg-Lieben*, (o. Fn. 32), § 77e Rn. 2 f.

34 Schönke/Schröder - *Stree/Sternberg-Lieben*, (o. Fn. 32), Vor §§ 78 ff. Rn. 1.

Amnestie in Verbindung mit einer Abolotion gewährt. Amnestie ist hierbei ein allgemeiner Straferlass durch den Gesetzgeber mit Wirkung für eine Vielzahl von Delinquenten. Abolotion bezeichnet die Niederschlagung eines Strafverfahrens aufgrund des staatlichen Verzichts auf seine Weiterführung. Bei dem Straferlass in einem Einzelfall spricht man von Begnadigung.

bb) Beschränkungen aufgrund des Spezialitätsgrundsatzes, § 72 IRG

Das Internationale Rechtshilfegesetz (IRG) regelt den Rechtshilfeverkehr mit dem Ausland in strafrechtlichen Angelegenheiten. Nach § 72 IRG sind Bedingungen, die ein ersuchter Staat an die Rechtshilfe geknüpft hat, zu beachten. In der Gesetzesbegründung wird dazu ausgeführt, dass die Vorschrift die Beachtung der ausländischen Bedingung zu einem innerstaatlich alle Behörden bindenden Gebot macht.[35] Hierdurch kann die Durchführung eines Strafprozesses behindert werden.[36]

cc) Verfahrensverzögerung, Grundsatz des Fair Trial, Art. 6 Abs. 1 MRK

Schließlich kann auch eine übermäßige Verzögerung der Durchführung eines Strafverfahrens entgegenstehen. Zwar begründet die Verletzung des Beschleunigungsgebots noch kein Verfahrenshindernis.[37] In außergewöhnlichen Einzelfällen und einem schweren Verstoß gegen das Beschleunigungsgebot kann jedoch eine angemessene Sachentscheidung ausgeschlossen sein.

---

35 Vgl. BT-Drucks. 9/1338, S. 92
36 Vgl. BGHSt 19, 118 f.
37 Vgl. BGHSt 21, 81; 24, 239; 27, 274.

2. Verletzung von Verfahrensvorschriften (Verfahrensrüge)

Rügt der Beschwerdeführer mit der Revision die Verletzung von Verfahrensrecht, ist die Verfahrensrüge zu erheben (§ 344 Abs. 2 S. 1, 1 Hs. StPO). Das Recht ist verletzt, wenn das Gericht eine prozessuale Handlung zu Unrecht oder fehlerhaft vorgenommen bzw. sie vorzunehmen zu Unrecht unterlassen hat.[38] Den Beurteilungsmaßstab hierfür bieten die Normen des Verfahrensrechts, d.h. die Summe der Vorschriften, die den Weg bestimmen, auf dem der Richter zur Urteilsfindung gelangt ist.[39]

a) Gesetzesverletzung

Zu Beginn der Begründetheitsprüfung einer Verfahrensrüge muss die konkrete Gesetzesverletzung, also der Verstoß gegen eine prozessrechtliche Vorschrift herausgearbeitet werden. Das Gesetz enthält hierfür in den §§ 337, 338 StPO eine systematische Aufzählung der für eine Revision in Betracht kommenden Rechtsverletzungen. Da sich in § 338 StPO eine Aufzählung der besonders bedeutsamen Verfahrensverstöße findet, kann man die Vorschrift insofern als *lex specialis* zu § 337 StPO ansehen. Daher sollte der Klausurbearbeiter sich zunächst auf die *absoluten* Revisionsgründe (§§ 338 Nr. 1 – 7 StPO) konzentrieren und erst danach auf die *relativen* (§§ 337; 338 Nr. 8 StPO) eingehen. Bei einer staatsanwaltschaftlichen Revision zuungunsten des Angeklagten ist § 339 StPO zu beachten. Danach kann die

[38] BGH, MDR 1981, 157; Löwe/Rosenberg - *Hanack*, 25. Auf. 1999, § 337 Rn. 69; *Meyer-Goßner*, (o. Fn. 2), § 337 Rn. 9.
[39] BGHSt 19, 273; 25, 100; Löwe/Rosenberg - *Hanack*, (o. Fn. 38), § 337 Rn. 66; *Meyer-Goßner*, (o. Fn. 2), § 337 Rn. 8.

Staatsanwaltschaft sich nicht auf Normen stützen, die lediglich zugunsten des Angeklagten gegebne sind, wie z.B. die §§ 33 136, 140, 265 StPO.

aa) Absolute Revisionsgründe, §§ 338 Nr. 1 – 7 StPO

Bei einer Reihe von eklatanten Verfahrensverstößen - den *absoluten Revisionsgründen* - wird angenommen, dass ein daran leidendes Urteil stets auch auf der entsprechenden Verletzung des Gesetzes *beruht*. Die Norm des § 338 StPO enthält keine Verfahrensvorschriften, gegen die verstoßen werden könnte, sondern lediglich eine unwiderlegbare Vermutungsregel hinsichtlich des Kausalzusammenhangs zwischen Verfahrensverstoß und Unrichtigkeit des Urteils.[40] Aus diesem Grund muss die Gesetzesverletzung zunächst durch Bezeichnung der verletzten Norm und dem konkreten Verfahrensverstoß herausgearbeitet werden, um anschließend feststellen zu können, ob es sich dabei um einen absoluten Revisionsgrund handelt. Wann die Verletzung einer Verfahrensvorschrift einen absoluten Revisionsgrund darstellt, ist in § 338 Nr. 1 - 7 StPO numerisch aufgelistet. Nach herrschender Auffassung stellt § 338 Nr. 8 StPO keinen unbedingten Revisionsgrund dar; er ist systematisch bei den relativen Revisionsgründen einzuordnen.[41] In der Klausur ist die Aufteilung in absolute und relative Revisionsgründe schon auf der Ebene der Gesetzesverletzung sinnvoll, da sich hierdurch eine logisch nachvollziehbare Prüfungsfolge ergibt, die mit den schwerwiegenden

---

[40] *Meyer-Goßner*, (o. Fn. 2), § 338 Rn. 1.
[41] BGHSt 21, 334; 30, 131.

Verfahrensverstöße beginnt. Zu den Gesetzesverletzungen im Einzelnen:

(1) Vorschriftswidrige Besetzung, § 338 Nr. 1 StPO

War das erkennende Gericht in der Hauptverhandlung unrichtig besetzt, stellt dies einen Verstoß gegen das Recht auf den gesetzlichen Richter (Art. 101 Abs. 2 S. 2 GG, § 16 GVG) dar. Die vorschriftswidrige Besetzung kann sich aus einer falschen Geschäftsverteilung, einer unzulässigen Verhinderung oder Vertretung sowie einer unrichtigen Schöffenbesetzung ergeben.[42] Schließlich kommen sogar persönliche Mängel der Beteiligten, wie etwa Blindheit oder Taubheit, andauernde Unaufmerksamkeit oder Verhandlungsunfähigkeit, als Revisionsgrund in Betracht. Eine fehlerhafte Besetzung ist allerdings nur dann als absoluter Revisionsgrund anzusehen, wenn die betroffene Verfahrensvorschrift willkürlich verletzt wurde.[43] Der Verfahrensverstoß muss gemäß § 222b Abs. 1 S. 1 StPO bereits in der Hauptverhandlung gerügt worden sein, um eine Rügepräklusion zu vermeiden.

(2) Teilnahme ausgeschlossener Richter, § 338 Nr. 2 StPO

Hat ein gesetzlich ausgeschlossener Richter entgegen der §§ 22, 23, 31 Abs. 1, 148a Abs. 2 S. 1 StPO am Urteil mitgewirkt, so ist dieser Verfahrensfehler ein absoluter Revisionsgrund i.S.d. § 338 Nr. 2 StPO. Die Klausurrelevanz dieses Revisionsgrundes ist zu

---

[42] *Meyer-Goßner*, (o. Fn. 2), § 338 Rn. 7 – 9.
[43] BVerfGE, NJW 1992, 2075.

vernachlässigen.

(3) Teilnahme abgelehnter Richter, § 338 Nr. 3 StPO

Hat ein Richter oder Schöffe am angefochtenen Urteil mitgewirkt, obwohl er aufgrund eines gesetzlichen Ausschlussgrundes oder wegen Besorgnis der Befangenheit gemäß § 24 StPO (ggf. i.V.m. § 31 Abs. 1 StPO) zu Unrecht erfolglos abgelehnt wurde, ist § 338 Nr. 3 StPO einschlägig. Relevant ist hier insbesondere die Ablehnung wegen Besorgnis der Befangenheit. Dies setzt gemäß § 24 Abs. 2 StPO voraus, dass ein Grund vorlag, der das Misstrauen gegen die Unparteilichkeit eines Richters zu rechtfertigen geeignet ist.[44] Grundsätzlich entscheidet gemäß § 27 Abs. 1 StPO über das Ablehnungsgesuch das Gericht, dem der abgelehnte Richter angehört, ohne dessen Mitwirkung. *Unzulässige* Ablehnungsgesuche verwirft das Gericht nach Maßgabe des § 26a StPO, ohne dass der abgelehnte Richter ausscheidet (§ 26a Abs. 2 S. 1 StPO). Nach neuerer verfassungsrechtlicher Rechtsprechung[45] greift § 338 Nr. 3 StPO jedoch auch in den Fällen ein, in denen der Anwendungsbereich des § 26a Abs. 1 StPO willkürlich überdehnt wurde, weil auch hier das Ablehnungsgesuch zu Unrecht verworfen worden sei; für eine hypothetische Sachprüfung des Revisionsgerichts sei kein Platz, durch diese Vorgehensweise werde das Recht des Antragstellers auf den gesetzlichen Richter nach Art. 101 Abs. 1 S. 2 GG verletzt, was bei der Entscheidung des Revisionsgerichts über die Aufhebung zu berücksichtigen sei.

[44] *Meyer-Goßner*, (o. Fn. 2), § 24 Rn. 8.
[45] BVerfGE, StV 2006, 673 ff.

(4) Unzuständigkeit des Gerichts, § 338 Nr. 4 StPO

Liegt die gerügte Gesetzesverletzung in der Nichtbeachtung von Verfahrens-vorschriften über die *örtliche* Zuständigkeit (§§ 7 ff. StPO), die Zuständigkeit *besonderer* Strafkammern (§§ 74 Abs. 2, 74a – e GVG) bzw. der Jugendgerichte (§§ 33 ff. JGG), ist der absolute Revisionsgrund des § 338 Nr. 4 StPO verwirklicht. Diese Zuständigkeiten werden gemäß §§ 6a, 16 StPO nur bis zur Eröffnung des Hauptverfahrens von Amts wegen, danach nur auf Einwand des Angeklagten hin geprüft. Gemäß §§ 6a S. 3, 16 S. 3 StPO muss der Verfahrensfehler bereits in der Hauptverhandlung gerügt worden sein, um die Rügepräklusion zu umgehen. Eine zu Unrecht angenommene bzw. abgelehnte *sachliche* Zuständigkeit (§ 6 StPO) fällt nicht in den Anwendungsbereich der Norm, da dies als fehlende Verfahrensvoraussetzung bereits von Amts wegen geprüft wird.[46]

(5) Vorschriftswidrige Abwesenheit, § 338 Nr. 5 StPO

Waren bei wesentlichen Teilen der Hauptverhandlung nicht alle von Gesetzes wegen erforderlichen Verfahrensbeteiligten anwesend, liegt ein Fall des § 338 Nr. 5 StPO vor. Obwohl das Beruhen bei den absoluten Revisionsgründen vermutet wird[47], ist es dennoch zu verneinen, wenn der vermutete Ursachenzusammenhang zwischen Verfahrensverstoß und fehlerhaftem Urteil nach den Regeln der Logik ausgeschlossen ist.[48] Die Vermutungsregel des § 338 Nr. 5 StPO findet daher nur Anwendung, wenn *wesentliche Teile* der

---

[46] S.o.: S. 12.
[47] S.o.: S. 10 f.
[48] BGH, NJW 1977, 443; *Meyer-Goßner*, (o. Fn. 2), § 338 Rn. 2 u. 36.

Hauptverhandlung ohne einen notwendig anwesenden Beteiligten stattgefunden haben. Wesentlich sind dabei insbesondere die Vernehmung des Angeklagten, der Mitangeklagten und Zeugen, die Verlesung des Anklagesatzes, der Vortrag und die Verlesung des erstinstanzlichen Urteils gemäß § 324 Abs. 1 StPO, die Beweisaufnahme, die Schlussvorträge und die Urteilsverkündung.[49] Erforderlich ist in jedem Fall die Anwesenheit des Staatsanwalts und grundsätzlich auch des Urkundsbeamten der Geschäftsstelle (§ 226 Abs. 1 StPO). Eine Ausnahme hiervon stellt lediglich § 226 Abs. 2 StPO dar. Bei Abwesenheit des Verteidigers liegt nur dann ein absoluter Revisionsgrund vor, wenn ein Fall der notwendigen Verteidigung (§§ 140 Abs. 1, 140 Abs. 2, 145 Abs. 1 S. 1 StPO) gegeben war.[50] Wird unter Beteiligung von Personen verhandelt, die der deutschen Sprache nicht mächtig sind, so ist gemäß § 185 GVG ein Dolmetscher zuzuziehen. Die Jugendgerichtshilfe (vgl. § 38 Abs. 3 S. 1 JGG) wird von § 338 Nr. 5 StPO hingegen nicht erfasst, da sie lediglich einen Rechtsbeistand darstellt. Für den Angeklagten gilt grundsätzlich Anwesenheitspflicht (§§ 230 Abs. 1, 231 Abs. 1 S. 1 StPO). Die Hauptverhandlung kann jedoch in einer Reihe von Fällen auch in Abwesenheit des Angeklagten stattfinden (§§ 231 Abs. 2 ff., 247 StPO).

(a) Eigenmächtiges Fernbleiben, § 231 Abs. 2 StPO

Die Hauptverhandlung kann ganz oder teilweise in Abwesenheit des

---

[49] Meyer-Goßner, (o. Fn. 2), § 338 Rn. 37 m.w.N.; a.a.O. findet sich eine abschließende Aufzählung aller wesentlichen, sowie unter Rn. 38 eine Darstellung der nicht wesentlichen Teile der Hauptverhandlung.

[50] BGHSt 15, 306; BHG, GA 59, 187; MDR 1956, 11.

Angeklagten fortgeführt werden, wenn dieser sich *eigenmächtig* entfernt hat (§ 231 Abs. 2 StPO). Eigenmächtig handelt hierbei, wer ohne Rechtfertigungs- oder Entschuldigungsgründe wissentlich seiner Anwesenheitspflicht nicht genügt.[51] Das Merkmal der Eigenmächtigkeit muss dem Angeklagten zur Überzeugung des Gerichts explizit nachgewiesen werden; der bloße Verdacht reicht nicht aus.[52] Zu beachten ist, ob der Angeklagte ordnungsgemäß geladen worden ist.[53] Fehlt es daran, liegt eine Eigenmächtigkeit nicht vor; wer nicht wirksam geladen ist, muss auch nicht erscheinen.[54] An der Eigenmächtigkeit fehlt es ferner, wenn der Angeklagte durch Krankheit oder höhere Gewalt verhindert war.[55] Ebenfalls nicht eigenmächtig handelt, wer aus den Erklärungen des Gerichts schließen durfte, dass es trotz seines Ausbleibens weiter verhandeln werde.[56] Von § 231 Abs. 2 StPO sind auch Fälle erfasst, in denen sich der Angeklagte *nach seiner Vernehmung zur Sache* vorsätzlich und schuldhaft in einen Zustand der Verhandlungsunfähigkeit versetzt hat.[57]

(b) Herbeiführung der Verhandlungsunfähigkeit, § 231a Abs. 1 StPO

Hat sich der Angeklagte *vor seiner Vernehmung zur Sache* in einen Zustand der Verhandlungsunfähigkeit versetzt, kann die Hauptverhandlung ebenfalls in seiner Abwesenheit stattfinden

[51] BGHSt 37, 249; BGH, NStZ 1998, 476.
[52] BGHSt 10, 304; 16, 178; BGH, NStZ-RR 2001, 333.
[53] BGHSt 38, 271; OLG Karlsruhe, NJW 1981, 934.
[54] BGH, NStZ 1984, 41.
[55] BGH, NStZ 2003, 561; VRS 36, 212; OLG Stuttgart, NJW 1967, 944.
[56] BGH, NStZ 1989, 284; MDR 1990, 489.
[57] *Meyer-Goßner*, (o. Fn. 2), § 231 Rn. 17 m.w.N.; § 231a Rn. 1 m.w.N.

(§ 231a Abs. 1 StPO). Die Norm stellt insofern eine Ergänzung des § 231 Abs. 2 StPO dar.[58] Die Verhandlungsunfähigkeit muss durch ein ärztliches Gutachten belegt und durch das Gericht im Wege des Freibeweises festgestellt werden (§ 231a Abs. 3 S. 1 StPO).

(c) Ordnungswidriges Benehmen, § 231b Abs. 1 StPO

Sofern der Angeklagte aufgrund seines ordnungswidrigen Benehmens gemäß § 177 S. 1 GVG aus dem Sitzungssaal entfernt worden ist, kann die Hauptverhandlung auch ohne seine Anwesenheit fortgeführt werden (§ 231b Abs. 1 StPO).

(d) Abwesenheit wegen Nichtbetroffenseins, § 231c StPO

Ist einer von mehreren Angeklagten von einem Teil der Hauptverhandlung nicht betroffen, weil sie sich gegen einen Mitangeklagten richtet, so kann ihm und ggf. seinem Verteidiger auf Antrag gestattet werden, sich zu entfernen (§ 231c StPO).

(e) Entbindung von der Anwesenheitspflicht, § 233 Abs. 1 StPO

Schließlich kann das Gericht den Angeklagten auf seinen Antrag hin von der Anwesenheitspflicht der §§ 230 Abs. 1, 231 Abs. 1 S. 1 StPO entbinden, sofern diesem nur eine geringe Strafe droht (§ 233 Abs. 1 StPO). Von der Vernehmung zur Sache kann er indes nicht entbunden werden; sie ist ggf. durch einen beauftragten oder ersuchten Richter vorzunehmen (§ 233 Abs. 2 S. 1 StPO).

---

[58] *Meyer-Goßner*, (o. Fn. 2), § 231a Rn. 1.

(f) Entfernung des Angeklagten, § 247 StPO

Der Angeklagte kann während einer Vernehmung aus dem Sitzungssaal entfernt werden, wenn seine Anwesenheit zur Abwendung einer konkreten Gefahr für die Wahrheitsfindung, für das Wohl bzw. die Gesundheit eines Zeugen oder auch zum Schutz des Angeklagten selbst erforderlich ist (§ 247 StPO). Die Anordnung hat durch Beschluss des Gerichts zu erfolgen.[59] Der Angeklagte muss unverzüglich nach seiner Wiederzulassung und vor jeder weiteren Verfahrenshandlung vom Vorsitzenden über den Inhalt der betreffenden Vernehmung unterrichtet werden (§ 247 S. 4 StPO).[60] Ein Verstoß gegen § 247 S. 4 StPO stellt seinerseits jedoch lediglich einen *relativen* Revisionsgrund dar.

(6) Unzulässige Beschränkung der Öffentlichkeit, § 338 Nr. 6 StPO

Gerichtsverhandlungen haben regelmäßig öffentlich stattzufinden (§ 169 S. 1 GVG). Der Öffentlichkeitsgrundsatz diente ursprünglich als Ausprägung des Rechtsstaatsprinzips dazu, die mündliche Verhandlung als zentralen Akt der Rechtspflege transparent und damit besser kontrollierbar zu machen. Heute hat er diese Bedeutung weitgehend eingebüßt und dient inzwischen überwiegend der Information der Allgemeinheit.[61] Der Verstoß gegen den Öffentlichkeitsgrundsatz kann einen absoluten Revisionsgrund darstellen (§ 338 Nr. 6 StPO). Eine Verletzung des § 169 GVG und

---

[59] BGHSt 1, 346 [350]; 15, 194; 22, 18.
[60] BGHSt 3, 384;BGH, NStZ 1998, 263; NStZ-RR 2000, 292.
[61] *Meyer-Goßner*, (o. Fn. 2), § 169 GVG Rn. 1.

damit eine unzulässige Beschränkung der Öffentlichkeit kann hierbei in jeder fehlerhaften Anwendung der §§ 171a – 175 GVG sowie des § 48 JGG liegen.[62] Daneben kann auch der Ausschluss einzelner Personen, der – beabsichtigt oder nicht – ohne gesetzliche Grundlage bzw. rechtlich fehlerhaft erfolgte, zu einer unzulässigen Beschränkung der Öffentlichkeit führen.[63] So stellt etwa das Fehlen ausreichender Sitzplätze für Zuhörer einen unzulässigen, faktischen Ausschluss der Zuhörer dar. Ein absoluter Revisionsgrund gemäß § 338 Nr. 6 StPO ist jedoch nur gegeben, wenn der Verfahrensverstoß auch auf einem Verschulden des Gerichts beruht.[64] Das ist der Fall, wenn das Gericht bzw. der Vorsitzende eine die Öffentlichkeit beschränkende Anordnung getroffen oder eine ihm bekannte Beschränkung nicht beseitigt hat.[65]

(7) Fehlende oder verspätete Urteilsbegründung, § 338 Nr. 7 StPO

Ist dem Urteil keine Begründung der Entscheidung zu entnehmen oder wird diese nicht innerhalb der Frist des § 275 Abs. 1 S. 1 und S. 4 StPO zu den Akten gebracht, so kann hierin schließlich der absolute Revisionsgrund des § 338 Nr. 7 StPO liegen. Das Fehlen der Urteilsgründe führt zwingend zur Aufhebung, sofern die Sachrüge erhoben wurde.[66] Daher ist diese Konstellation im Rahmen des § 338 Nr. 7 StPO nicht klausurrelevant. Unvollständige oder

---

[62] *Meyer-Goßner*, (o. Fn. 2), § 338 Rn. 48.
[63] BGHSt 3, 386; 17, 201; 28, 341.
[64] BGHSt 21, 72; 22, 297; *Meyer-Goßner*, (o. Fn. 2), § 338 Rn. 49 m.w.N.
[65] BGHSt 22, 297 [301]; BGH, DAR 1978, 153; MDR 1979, 247; 1990, 1070.
[66] BayObLG, VRS 1961, 130; OLG Celle, NJW 1959, 1648.

mangelhafte Entscheidungsgründe sind nicht von der Norm erfasst.[67] In der Klausur wird es folglich zumeist auf die Überschreitung der Frist nach § 275 Abs. 1 S. 1 und 4 StPO ankommen, innerhalb derer das Urteil *zu den Akten gebracht* werden muss. Das Urteil bzw. die Gründe sind nicht rechtzeitig zu den Akten gebracht, wenn sich der Nachweis der Fristwahrung des § 275 Abs. 1 S. 2 StPO weder durch den Eingangsvermerk der Geschäftsstelle noch auf andere Weise mit hinreichender Gewissheit erbringen lässt und die Fristüberschreitung nach § 275 Abs. 1 S. 4 StPO nicht zulässig war.[68]

bb) Relative Revisionsgründe

Liegt kein absoluter Revisionsgrund vor, schließt sich die Prüfung der relativen Revisionsgründe (§ 337 StPO) an. Im Unterschied zu § 338 StPO greift in diesem Fall jedoch nicht die Vermutung, dass das angefochtene Urteil auch auf dem Verfahrensfehler beruht. Das Beruhen muss insofern gesondert festgestellt werden. Zudem enthält § 337 StPO keine Aufzählung der in Frage kommenden Gesetzesverstöße, weshalb die Darstellung der relativen Revisionsgründe in Sachgebiete unterteilt und auf die klausurrelevanten Konstellationen beschränkt ist.

(1) Beweisverwertungsverbote

Die Gewinnung von Beweismitteln im Strafprozess richtet sich nach den festen Regeln des Strafverfahrensrechts. Aufgrund der

---

[67] BGH, MDR 1971, 548.
[68] *Meyer-Goßner*, (o. Fn. 2), § 338 Rn. 55; § 275 Rn. 12 ff.

besonderen Bedeutung der Beweismittel für die Entscheidung der Schuldfrage ist es für ein faires Verfahren unerlässlich, dass nur solche Beweismittel verwertet werden dürfen, die auch auf rechtmäßige, vom Strafverfahrensrecht vorgesehene Weise erlangt worden sind.[69]

(a) Ausdrücklich geregelte Beweisverwertungsverbote

- *Beweisverwertungsverbot wegen unzulässiger Vernehmung, § 136a StPO*

Der Beschuldigte ist Beteiligter, nicht etwa Gegenstand eines Strafverfahrens und aufgrund von Art. 1 Abs. 1 GG in vollem Umfang gegen Verletzungen seiner Menschenwürde geschützt. Jede Beeinträchtigung seiner Willensentschließung und Willensbetätigung durch Drohung oder Täuschung etc. ist grundsätzlich verboten; die Anwendung von Zwang ist nur in den gesetzlich geregelten Fällen zulässig (§ 136a Abs. 1 StPO). Die Aufzählung ist exemplarisch und nicht abschließend zu verstehen. Verboten sind alle Methoden, mit denen derselbe Zweck verfolgt wird wie mit den ausdrücklich genannten Mitteln.[70] Auch das Erinnerungsvermögen und die Einsichtsfähigkeit des Beschuldigten dürfen nicht beeinträchtigt werden (§ 136a Abs. 2 StPO). Bezüglich der nach Abs. 1 und 2 verbotenen Maßnahmen ist die Einwilligung des Beschuldigten zur Durchführung der Maßnahme unbeachtlich (§ 136a Abs. 3 S. 1 StPO). Ein Verstoß gegen diese Vorschriften führt zu einem

---

69 BVerfG, NJW 1984, 428; BGHSt 14, 358 [365]; 31, 304 [309]; OLG Köln, NJW 1979, 1216 [1217].

70 BGHSt 5, 332 [334]; *Degener*, GA 92, 464; Erbs, NJW 1951, 387; *Kohlhaas*, JR 1960, 247.

umfassenden Beweisverwertungsverbot – sogar bei nachträglicher Einwilligung des Betroffenen in die Verwertung seiner Aussage (§ 136a Abs. 3 S. 2 StPO). Aus diesem Grunde ist die unmittelbare und mittelbare Verwertung, etwa durch Verlesung der Niederschrift oder Abspielen von Tonaufnahmen von der Vernehmung, unzulässig.[71] Es ist weitgehend anerkannt, dass dieses Verbot auch für entlastende Aussagen gilt und unabhängig davon, ob sie inhaltlich falsch oder richtig sind.[72] Eine Einschränkung findet das Beweisverwertungsverbot lediglich darin, dass ein ursächlicher Zusammenhang zwischen dem Verfahrensverstoß und der Aussage bestehen muss.[73]

- *Weitere ausdrückliche Beweisverwertungsverbote*

Daneben finden sich an unterschiedlicher Stelle weitere gesetzlich geregelte Beweisverwertungsverbote. Anhand der Frage, in welchem Umfang rechtswidrig erlangte Beweismittel doch noch in das Verfahren eingebracht werden können, wird zwischen umfassenden und eingeschränkten Beweisverwertungsverboten unterschieden. Zu den umfassenden Verwertungsverboten zählen etwa § 51 BZRG und § 1 StasiUnterlagenG. Eingeschränkte Beweisverwertungsverbote enthalten §§ 81c Abs. 3 S. 5, 98b Abs. 3 S. 3, 100b Abs. 5, 100d Abs. 5 S. 3, 2. Hs., 108 Abs. 2 StPO sowie § 97 Abs. 3 InsO.

---

[71] *Meyer-Goßner*, (o. Fn. 2), § 136a Rn. 29.
[72] H.M.; siehe zum Streitstand: *Meyer-Goßner*, (o. Fn. 2), § 136a Rn. 27 m.w.N.
[73] BGHSt 22, 170 [175]; *Meyer*, JR 1966, 311; *Rieß*, JA 1980, 301.

(b) Nicht ausdrücklich geregelte Beweisverwertungsverbote

Im Wege der richterlichen Rechtsfortbildung hat sich neben den gesetzlich ausdrücklich geregelten Beweisverwertungsverboten in Gestalt der so genannten Rechtskreistheorie ein System zur Prüfung der Verwertbarkeit verfahrensrechtswidrig erlangter Beweismittel entwickelt, zu dem sich keine ausdrückliche Regelung im Gesetz findet. Die Rechtskreistheorie ist ein vom BGH entwickeltes Rechtsinstitut. Es besagt, dass ein Verstoß gegen Verfahrensvorschriften, die für den Fall ihrer Verletzung keine ausdrückliche Rechtsfolge vorsehen, nur dann zu einem Verwertungsverbot führt, wenn durch die rechtswidrige Beweisgewinnung in den Rechtskreis des Beschuldigten eingegriffen wurde.[74] Schützt die verletzte Vorschrift ausschließlich den Staat oder die Rechte Dritter, liegt somit kein Beweisverwertungsverbot vor. In Erweiterung der Rechtskreistheorie wird darüber hinaus eine Abwägung der Interessen des Beschuldigten an dem Schutz seiner Rechtsgüter und des Staates an der Tataufklärung vorgenommen. Hierbei sind insbesondere der Regelungszweck der verletzten Norm sowie die Wertigkeit der widerstreitenden Rechtsgüter zu berücksichtigen. Zum Anwendungsbereich der Rechtskreistheorie zählen:

- *Fehlerhafte erste Vernehmung, § 136 Abs. 1 StPO*

Bei der ersten richterlichen Vernehmung vor und außerhalb der Hauptverhandlung ist der Beschuldigte nach der Mitteilung der ihm vorgeworfenen Tat und der in Betracht kommenden Strafvorschriften

[74] BGHSt GS 11, 213.

umfassend über seine Rechte zu belehren (§ 136 Abs. 1 StPO). Die Vernehmung beginnt mit den Fragen zur Person, die der Feststellung seiner Identität dienen. Anzugeben sind Vor- und Nachname, ggf. Geburtsname, Geburtsort und Tag der Geburt, Familienstand, Beruf, Wohnort, Wohnung und Staatsangehörigkeit.[75] Es schließen sich die Eröffnung des Tatvorwurfs und die Belehrung über die Aussagefreiheit, die Hinzuziehung eines Verteidigers, das Beweisantragsrecht, etc. an (§ 136 Abs. 1 StPO). Zudem wird dem Beschuldigten die Gelegenheit gegeben, sich zu dem Tatvorwurf zu äußern (§ 136 Abs. 2 StPO). Hierdurch wird seinem Grundrecht auf rechtliches Gehör aus Art. 103 Abs. 1 GG entsprochen.[76] Schließlich sind auch die persönlichen Verhältnisse des Beschuldigten zu ermitteln (§ 136 Abs. 3 StPO). Hierzu zählen sein Vorleben, sein Ausbildungsstand und seine beruflichen, familiären und wirtschaftlichen Verhältnisse sowie weitere tatrelevante Umstände. Vorstrafen werden nur ermittelt, wenn sie für den aktuellen Fall relevant sind.[77] Ein Verstoß gegen diese Vorschriften führt regelmäßig zu einem Beweisverwertungsverbot, da § 136 StPO sowohl dem rechtlichen Gehör (Art. 103 Abs. 1 GG) als auch dem Grundsatz des nemo tenetur se ipso accusare dient und damit insbesondere auch die Rechte des Beschuldigten schützen soll.[78] Das Verwertungsverbot tritt jedoch nicht ein, wenn der Beschuldigte in Kenntnis seines Schweigerechts freiwillig ausgesagt oder der späteren Verwertung der Aussage in der Hauptverhandlung

---

[75] *Meyer-Goßner*, (o. Fn. 2), § 136 Rn. 5; RiStBV 13 Abs. 1 S. 1.
[76] BGHSt 25, 325 [332].
[77] *Meyer-Goßner*, (o. Fn. 2), § 136 Rn. 16.
[78] *Meyer-Goßner*, (o. Fn. 2), § 136 Rn. 20 m.w.N.

ausdrücklich zugestimmt oder jedenfalls bei anwaltlicher Vertretung nicht widersprochen hat.[79] Ein Verstoß gegen ein solches Beweisverwertungsverbot stellt nach der Rechtskreistheorie einen relativen Revisionsgrund dar.

- *Verstoß gegen das Zeugnisverweigerungsrecht für Angehörige, § 52 StPO*

Angehörige des Beschuldigten haben das Recht zur Zeugnisverweigerung (§ 52 StPO). Durch die Vorschrift wird der Zwangslage des Zeugen Rechnung getragen, aufgrund der Wahrheitspflicht an der Strafverfolgung eines Angehörigen mitwirken zu müssen.[80] Der Zeuge ist vor jeder Vernehmung über sein Zeugnisverweigerungsrecht zu belehren (§ 52 Abs. 3 S. 1 StPO). Eine fehlerhafte Belehrung – ob in der Hauptverhandlung oder gemäß § 52 Abs. 3 S. 1 i.V.m. §§ 161a Abs. 1 S. 2, 163a Abs. 5 StPO im Ermittlungsverfahren – führt zu einem umfassenden Verlesungs- und Verwertungsverbot. Geschützt wird über § 52 Abs. 3 S. 1 StPO nämlich die Familienbande.[81] Wurde das Beweismittel dennoch verwertet, betrifft dies die Rechte des Beschuldigten und es liegt nach der Rechtskreistheorie ein relativer Revisionsgrund vor.[82]

- *Verstoß gegen das Zeugnisverweigerungsrecht nach §§ 53, 53a StPO*

Bestimmte Berufsgruppen haben das Recht, die Aussage zu

---

[79] H.M.: Widerspruchslösung, BGHSt 38 214; 42, 15 [22]; vgl.: *Meyer-Goßner*, (o. Fn. 2), § 136 Rn. 20 und 25 m.w.N.
[80] BGHSt 2, 351 [354]; 11, 213 [217]; 22, 35; 27, 231.
[81] BGHSt 14, 159; 23, 221; BGH StV 1981, 4.
[82] BGHSt 6, 279; 9, 37 [39].

verweigern (§§ 53, 53a StPO). Eine Belehrungspflicht darüber besteht jedoch nicht, weil das Gericht davon ausgehen kann, dass diese Personen ihre Berufsrechte und -pflichten kennen.[83] Sagt der Zeuge entgegen der §§ 53, 53a StPO dennoch aus, so besteht kein Beweisverwertungsverbot.

- *Fehlende Aussagegenehmigung, § 54 StPO*

Soll ein Richter, Beamter oder eine andere Person des öffentlichen Dienstes als Zeuge über Umstände vernommen werden, die ihre Verschwiegenheitspflicht betreffen, so bedarf es der Genehmigung der Aussage durch den Dienstvorgesetzten (§ 54 Abs. 1 StPO). Die Norm stellt ein bloßes Beweiserhebungsverbot dar, so dass Aussagen, die ohne die erforderliche Genehmigung gemacht worden sind, verwertbar bleiben.[84] Eine Belehrung über die Erforderlichkeit einer Aussagegenehmigung ist nicht erforderlich. Da es sich bei § 54 StPO um eine bloße Ordnungsvorschrift handelt, ist bei ihrer Verletzung der Rechtskreis des Beschuldigten nicht betroffen, so dass kein relativer Revisionsgrund vorliegt.[85]

- *Verstoß gegen das Auskunftsverweigerungsrecht, § 55 StPO*

Als besondere Ausprägung des Grundsatzes nemo tenetur se ipso accusare darf ein Zeuge die Auskunft verweigern, sofern er durch sie sich oder einen Angehörigen der Gefahr der Strafverfolgung aussetzen würde (§ 55 Abs. 1 StPO). Der Zeuge darf lediglich solche Auskünfte verweigern, die ihn auch tatsächlich belasten könnten.[86] Er

---

[83] BGH, NJW 1991, 2846.
[84] *Meyer-Goßner*, (o. Fn. 2), § 54 Rn. 2 m.w.N.
[85] *Titz*, JA 2002, 71.
[86] *Meyer-Goßner*, (o. Fn. 2), § 55 Rn. 2.

ist nicht berechtigt, seine Aussage in vollem Umfang zu verweigern, sofern nicht der gesamte Inhalt der Aussage die Voraussetzungen von § 55 Abs. 1 StPO erfüllt.[87] Über sein Recht ist der Zeuge stets vor der Vernehmung zu belehren (§ 55 Abs. 2 StPO). Ist die Belehrung unterblieben, betrifft dies nach h.M. ausschließlich den Rechtskreis des Zeugen, nicht den des Angeklagten; ein relativer Revisionsgrund wäre daher nicht gegeben.[88] Die Gegenauffassung sieht aufgrund der Selbstbegünstigungstendenz eines solchen Zeugen den Rechtskreis des Angeklagten als verletzt an.[89]

- *Mangelnde Zeugenbelehrung, § 57 StPO*

Zeugen sind vor der Vernehmung auf ihre Wahrheitspflicht und die Folgen einer Falschaussage hinzuweisen (§ 57 S. 1 StPO). Im Falle der Vereidigung ist der Zeuge zudem auch über die Bedeutung des Eides und die Wahlmöglichkeit zwischen religiöser und nicht religiöser Beteuerung aufzuklären (§ 57 S. 2 StPO). Die Belehrung unterliegt keiner besonderen Form. Der Richter hat sie lediglich nach seinem Ermessen in geeigneter und angemessener Weise vorzunehmen.[90] Da bei einer Verletzung der Belehrungspflicht nur der Rechtskreis des Zeugen, nicht aber der des Angeklagten betroffen ist, liegt hierin kein relativer Revisionsgrund.[91]

- *Verbotene Protokollverlesung, § 252 StPO*

Hat ein Zeuge vor der Hauptverhandlung etwa bei der Polizei oder

---

87 BGHSt 10, 104; 17, 245; BGH, NStZ 86, 181; NJW 1998, 1728.
88 BGHSt 1, 39; BGH, NStZ 1983, 354; BGHSt GS 11, 213; *Meyer-Goßner*, (o. Fn. 2), § 55 Rn. 17.
89 *Roxin*, (o. Fn. 1), § 24 Rn. 36.
90 *Meyer-Goßner*, (o. Fn. 2), § 57 Rn. 4.
91 BGH, VRS 22, 144; 36, 23; NStZ 83, 354; *Meyer-Goßner*, (o. Fn. 2), § 57 Rn. 7.

Staatsanwaltschaft ausgesagt, macht er jedoch in der Hauptverhandlung von seinem Zeugnisverweigerungsrecht nach §§ 52 – 53a StPO Gebrauch, darf seine Aussage weder durch Verlesung des Vernehmungsprotokolls noch auf andere Weise verwertet werden (§ 252 StPO). Im Fall des § 52 StPO gilt das Verwertungsverbot grundsätzlich auch dann, wenn das Angehörigenverhältnis erst nach der früheren Vernehmung entstanden ist.[92] Das Verwertungsverbot ist auf eine ohne Aussagegenehmigung nach § 54 StPO getätigte Aussage ebenfalls anwendbar, wenn der Zeuge irrig angenommen hat, nicht zur Verschwiegenheit verpflichtet zu sein.[93] Beruft sich der Zeuge nach voriger Aussage in der Hauptverhandlung hingegen auf sein Auskunftsverweigerungsrecht nach § 55 StPO, findet § 252 StPO keine Anwendung, da § 252 StPO nur das Zeugnisverweigerungsrecht, nicht aber das Auskunftsverweigerungsrecht erwähnt.[94] Entgegen dem Wortlaut enthält die Norm nicht bloß ein Verlesungs-, sondern ein umfassendes Verwertungsverbot.[95] Da sich ein reines Verlesungsverbot bereits aus § 250 S. 2 StPO ergibt, wäre § 252 StPO anderenfalls überflüssig. Es ist daher ausgeschlossen, die Verhörsperson der Polizei oder Staatsanwaltschaft ihrerseits als Zeuge über die frühere Aussage des Zeugnisverweigerungsberechtigten zu vernehmen und so die

---

[92] BGHSt 22, 219; 27, 231; BGH, NJW 1972, 1334; 80, 67; *Meyer-Goßner*, (o. Fn. 2), § 252 Rn. 2 m.w.N.
[93] OLG Celle, MDR 1959, 414.
[94] BGHSt 6, 209; 17, 337 [350]; a.A. z.B.: *Geppert*, Jura 1988, 312.
[95] BGHSt 3, 149; BGH, VRS 31, 453; *Meyer-Goßner*, (o. Fn. 2), § 252 Rn. 1.

Aussage mittelbar in die Hauptverhandlung einzubringen.[96] Eine Ausnahme hiervon gilt nach der Rechtsprechung allerdings, wenn die frühere Aussage vor einem Richter getätigt wurde, da die richterliche Vernehmung gegenüber anderen Vernehmungssituationen eine erhöhte Bedeutung genießt (arg. § 254 StPO) und der Zeuge in Kenntnis dieser Situation freiwillig auf sein Zeugnisverweigerungsrecht verzichtet hat.[97] Die Vernehmung einer richterlichen Verhörsperson als Zeuge setzt voraus, dass der Angeklagte in seiner früheren Vernehmung ordnungsgemäß über sein Zeugnisverweigerungsrecht belehrt wurde oder aber sein Angehörigenverhältnis trotz Nachfrage verschwiegen hat.[98] Ein Verstoß gegen § 252 StPO betrifft den Rechtskreis des Angeklagten und ist somit relativer Revisionsgrund.[99]

- *Unzulässige Beschlagnahme, §§ 94 ff. StPO*

Die Beschlagnahme, also die förmliche Sicherstellung von Gegenständen, ist nur unter Einhaltung der vorgesehenen Form zulässig (§§ 94 ff. StPO). Die Beschlagnahme wird erforderlich, wenn der Beweisgegenstand vom Besitzer nicht freiwillig herausgegeben wird (§ 94 Abs. 2 StPO). Darf er die Herausgabe jedoch zu Recht verweigern (§ 95 StPO), so besteht hinsichtlich eines trotzdem beschlagnahmten Gegenstandes ein umfassendes Beweisverwertungsverbot.[100] Darüber hinaus unterliegen bestimmte

---

[96] BGHSt 21, 218.
[97] BGHSt 32, 25 [29]; 45, 342 [346]; 189 [195]; BGH, NJW 1996, 1501; 2004, 1605 [1607]; a.A.: *Roxin*, (o. Fn 1), § 44 Rn. 21 m.w.N.
[98] *Titz*, JA 2002, 71.
[99] *Meyer-Goßner*, (o. Fn. 2), § 252 Rn. 18.
[100] *Meyer-Goßner*, (o. Fn. 2), § 95 Rn. 11 m.w.N.

Gegenstände von vornherein nicht der Beschlagnahme (§ 97 StPO). Auch ein Verstoß gegen diese Norm begründet ein umfassendes Beweisverwertungsverbot.[101] Da durch einen Verstoß gegen ein solches Verwertungsverbot auch in die Rechte des Beschuldigten eingegriffen wird, stellt er auch einen relativen Revisionsgrund dar.[102]

- *Unzulässige Überwachung, §§ 100a, 100b StPO*

Auch die Überwachung der Telekommunikation unterliegt besonderen rechtlichen Anforderungen (§§ 100a, 100b StPO). Wurde eine solche Maßnahme ohne die erforderliche richterliche bzw. staatsanwaltschaftliche Anordnung oder unter Missachtung der Voraussetzungen aus § 100a StPO durchgeführt, so besteht hinsichtlich der auf diese Weise erlangten Beweismittel ein umfassendes Verwertungsverbot.[103] Ein Verstoß hiergegen stellt einen relativen Revisionsgrund dar; ein Verstoß gegen die übrigen, rein formellen Anforderungen des § 100b StPO führt dagegen grundsätzlich nicht zu einem Beweisverwertungsverbot und ist nicht im Wege der Revision zu rügen.[104]

- *Unzulässige Überwachung, §§ 100c, 100d StPO*

Ähnliches gilt für die Überwachung nichtöffentlicher Gespräche (§§ 100c, 100d StPO). Sind Beweismittel unter völliger Ungehung oder Missachtung des § 100c StPO erlangt worden, so besteht diesbezüglich ein vollständiges Verwertungsverbot.[105] Verstöße gegen § 100d StPO führen nur dann zu einem Verwertungsverbot,

---

[101] BGHSt 18, 227; *Meyer-Goßner*, (o. Fn. 2), § 97 Rn. 46 m.w.N.
[102] BGHSt 18, 227; 25, 168.
[103] BGHSt 31, 304; 35, 32; *Jäger*, StV 2002, 244.
[104] *Meyer-Goßner*, (o. Fn. 2), § 100a Rn. 39.
[105] BGHSt 34, 39; 42, 372; OLG Stuttgart, StV 1996, 655.

wenn sie die Anordnungszuständigkeit betreffen, reine Formverstöße hingegen nicht. Die Umgehung eines Beweisverwertungsverbots stellt aufgrund der Wertung der Rechtskreistheorie einen relativen Revisionsgrund dar.[106]

- *Unzulässige Überwachung, § 100f StPO*

Betrifft die Überwachung den Bereich außerhalb von Wohnungen, so richtet sie sich nach § 100f StPO. Sie unterliegt gegenüber §§ 100a – 100d StPO gelockerten Anforderungen, da hier der Schutzbereich des Art. 13 GG nicht verletzt ist. Ist die Maßnahme unter Missachtung oder völliger Umgehung des § 100f StPO vorgenommen worden, so führt dies zu einem vollständigen Verwertungsverbot hinsichtlich derart erlangter Beweismittel.[107] Reine Formverstöße genügen jedoch regelmäßig nicht. Eine Umgehung des Beweisverwertungsverbots betrifft den Rechtskreis des Beschuldigten und ist daher als relativer Revisionsgrund anzusehen.

- *Unzulässige Durchsuchung, §§ 102, 103, 105 StPO*

Schließlich sind auch Durchsuchungen nach besonderen Formvorschriften durchzuführen (§§ 102, 103, 105 StPO). Nur bei schwerwiegenden Verstößen, insbesondere bei Durchsuchungen ohne Anordnung oder unter Missachtung der Anordnungszuständigkeit gemäß § 105 StPO, unterliegen die während der Maßnahmen erlangten Beweismittel einem Verwertungsverbot.[108] Es kommt darauf an, ob die Durchsuchung

---

[106] *Meyer-Goßner*, (o. Fn. 2), § 100d Rn. 13.
[107] BGHSt 34, 39; 42, 372; OLG Stuttgart, StV 1996, 655.
[108] *Meyer-Goßner*, (o. Fn. 2), § 105 Rn. 18; § 94 Rn. 21 m.w.N.; § 98 Rn. 7 m.w.N.

rechtlich hätte angeordnet werden dürfen.[109] Regelmäßig führen Verstöße gegen §§ 102, 103, 108, 110 Abs. 1 und 2 StPO, nicht aber Verstöße gegen §§ 104 – 107, 109 StPO zu einem Beweisverwertungsverbot. In der Umgehung einer Vorschrift, die ein Beweisverwertungsverbot vorsieht, ist indes regelmäßig ein relativer Revisionsgrund verwirklicht.

- *Fehlerhafte Zeugenvereidigung, §§ 59 ff. StPO*

Die Zeugenvereidigung ist nach der Neufassung der §§ 59 ff. StPO nicht mehr der Regelfall. Zeugen sind nunmehr grundsätzlich nicht zu vereidigen; eine Vereidigung kann nur erfolgen, wenn die Aussage ausschlaggebende Bedeutung hat oder um eine wahrheitsgemäße Aussage herbeizuführen (§ 59 Abs. 1 S. 1 StPO). Die Aussage hat ausschlaggebende Bedeutung, wenn sie für eine entscheidungserhebliche Tatsache das alleinige bzw. bei der Beweiswürdigung das entscheidende Beweismittel ist.[110] Erfolgt die Vereidigung zur Herbeiführung einer wahrheitsgemäßen Aussage, so müssen Tatsachen die Annahme begründen, dass der Zeuge die Wahrheit verfälscht oder verschweigt und dass er unter Eid dieses Verhalten aufgeben und erhebliche Tatsachen bekunden werde.[111] Zurzeit ist innerhalb der BGH-Senate streitig, ob nach § 59 StPO n.F. das Absehen von einer Vereidigung ausdrücklich erfolgen muss und daher protokollpflichtig ist.[112] Die Vereidigung hat zu

---

[109] H.M.: BGH, NJW 1989, 1744; NStZ 2004, 449; vgl. *Meyer-Goßner*, (o. Fn. 2), § 94 Rn. 21 m.w.N.

[110] BGHSt 16, 99 [103]; OLG Neustadt, NJW 52, 118.

[111] BGHSt 16, 99 [103]; OLG Hamm, NJW 1973, 1940; OLG Schleswig, SchlHA 57, 313.

[112] Gegen eine Vereidigungspflicht der 2. Senat (dort auch entscheidungserheblich),

unterbleiben, wenn der Zeuge einen der Tatbestände des § 60 StPO erfüllt. Das ist der Fall, wenn er entweder eidesunmündig oder eidesunfähig (Nr. 1) bzw. der Täterschaft oder Teilnahme verdächtig (Nr. 2) ist. Angehörige i.S.d. § 52 Abs. 1 StPO können die Vereidigung verweigern und sind über dieses Recht zu belehren (§ 61 StPO). Wurde i.Ü. der Zeuge vereidigt, ohne das die Voraussetzungen des § 59 Abs. 1 S. 1 vorlagen, so wird die Revision mangels Beruhen nicht begründet sein; denn das Gericht hat die Wahrheit mit einem stärkeren Mittel erforscht, als das Gesetz es vorsieht.

(2) Fehlerhafte Ablehnung von Beweisanträgen, §§ 244, 245 StPO

Das Gericht kann Beweisanträge in unzulässiger Weise abgelehnt haben. Bei der Ablehnung von Beweisanträgen kommt es in der Revisionsklausur insbesondere auf die Frage an, ob tatsächlich ein *Beweisantrag* oder, aufgrund der Unbestimmtheit des zu beweisenden Ereignisses, lediglich ein *Beweisermittlungsantrag* vorliegt. Beweisanträge können nur unter den engen Voraussetzungen des § 244 Abs. 3 – 5 StPO abgelehnt werden. Der Beweisantrag ist das ernsthafte, unbedingte oder bedingte Verlangen eines Prozessbeteiligten, über eine die Schuld- oder Rechtsfolgenfrage betreffende Behauptung durch bestimmte, nach der StPO zulässige Beweismittel Beweis zu erheben.[113] Die konkrete Tatsache, über die Beweis erhoben werden soll, muss dem Antrag

---

NStZ 2006, 234 f.; dafür der 1. und 3. Senat, NStZ 2005, 340.

[113] BGHSt 1, 29; 6, 128; BGH, NStZ 81, 361; StV 82, 55.

zu entnehmen sein.[114] Zudem muss das Beweismittel konkret bezeichnet werden.[115] Ein Beweisantrag kann auch hinsichtlich bloß vermuteter Ereignisse gestellt werden; sofern es jedoch offensichtlich an Anhaltspunkten für die Vermutung fehlt, liegt nur ein Beweisermittlungsantrag vor.[116] Beweisermittlungsanträge dienen der Vorbereitung von Beweisanträgen, welche der Antragsteller noch nicht stellen kann, weil er die Beweistatsache nicht kennt oder das Beweismittel nicht bestimmt bezeichnen kann.[117] Beweisermittlungsanträge können durch das Gericht ohne Angaben von Gründen abgelehnt werden. Maßstab ist § 244 Abs. 2 StPO.

(a) Verstoß gegen die Aufklärungspflicht (Aufklärungsrüge), § 244 Abs. 2 StPO

Gemäß § 244 Abs. 2 StPO hat das Gericht die Beweisaufnahme auf alle zur Erforschung der Wahrheit erforderlichen, entscheidungserheblichen Tatsachen und Beweismittel zu erstrecken. Der Verstoß gegen die gerichtliche Aufklärungspflicht aus § 244 Abs. 2 StPO stellt einen relativen Revisionsgrund dar und kann mit der so genannten *Aufklärungsrüge* beanstandet werden.[118] Sie ist zulässig, wenn das Gericht Ermittlungen unterlassen hat, zu denen es sich aufgrund seiner Sachaufklärungspflicht gedrängt sehen musste.[119] Die Aufklärungsrüge muss die Tatsachen

---

114 BGHSt 39, 251.
115 *Meyer-Goßner*, (o. Fn. 2), § 244 Rn. 21.
116 BGHSt 21, 118 [125]; BGH, NJW 1987, 2384; NStZ 1992, 397; StV 1993, 3; 1997, 567.
117 BGHSt 30, 131 [142]; BGH, GA 81, 228; StV 1983, 185.
118 BGH, NStZ 1984, 210; 2004, 370.
119 *Meyer-Goßner*, (o. Fn. 2), § 244 Rn. 80.

benennen, die das Gericht nicht aufgeklärt hat, das Beweismittel, dessen sich der Tatrichter hätte bedienen sollen sowie die Umstände, die das Gericht zu weiteren Ermittlungen hätten drängen müssen.[120]

(b) Verfahrenswidrige Ablehnung von Beweisanträgen, § 244 Abs. 3 – 5 StPO

Wurde ein Beweisantrag abgelehnt so muss dafür einer der Gründe aus § 244 Abs. 3 – 5 StPO vorgelegen haben. Beweisanträge sind abzulehnen, wenn die Beweiserhebung unzulässig oder missbräuchlich, das Beweismittel völlig ungeeignet oder unerreichbar, die Beweistatsache oder ihr Gegenteil offenkundig, bedeutungslos, bereits erwiesen oder als wahr zu unterstellen ist (§ 244 Abs. 3 StPO). Ferner können Beweisanträge auf die Vernehmung von Sachverständigen wegen eigener Sachkunde des Gerichts abgelehnt werden bzw. weil die Beweistatsache oder ihr Gegenteil in einem früheren Gutachten bereits bewiesen wurde (§ 244 Abs. 4 StPO). Schließlich kann das Gericht eine Augenscheinnahme ablehnen, wenn es diese für nicht erforderlich hält und die Vernehmung eines Zeugen verweigern, wenn dessen Ladung im Ausland erfolgen müsste (§ 244 Abs. 5 StPO). Die Ablehnung eines Beweisantrags erfolgt dann durch Beschluss (§ 244 Abs. 6 StPO). Wurde die Entscheidung über einen Beweisantrag bzw. eine auf einen solchen Antrag hin beschlossene Beweiserhebung unterlassen oder der Antrag auf mangelhafte

[120] BGH, NStZ 1999, 45 m.w.N.

Weise abgelehnt, ist dies ein relativer Revisionsgrund.[121]

(c) Nichtbeachtung präsenter Beweismittel, § 245 StPO

Das Gericht muss grundsätzlich alle präsenten, zulässigen Beweismittel benutzen, die es selbst oder die Staatsanwaltschaft herbeigeschafft hat, es sei denn alle Verfahrensbeteiligten sind mit einem Verzicht einverstanden (§ 245 Abs. 1 StPO). Darüber hinaus müssen auch alle präsenten Beweismittel verwertet werden, für die seitens Staatsanwaltschaft oder des Angeklagten ein Beweisantrag gestellt wurde (§ 245 Abs. 2 S. 1 StPO). Nur in den engen Grenzen der § 245 Abs. 2 S. 2 und 3 StPO dürfen diese Beweisanträge abgelehnt werden. Ein Verstoß gegen § 245 Abs. 1 StPO stellt ebenso wie ein nach § 245 Abs. 2 StPO unzulässig abgelehnter Beweisantrag einen relativen Revisionsgrund dar.[122]

(3) Verstoß gegen den Grundsatz persönlicher Vernehmung, § 250 StPO

Als Ausprägung des Unmittelbarkeitsgrundsatzes sind Beweise, die auf der Wahrnehmung einer Person beruhen, im Wege der persönlichen Vernehmung zu erheben (§ 250 S. 1 StPO). Zudem besteht ein Verbot, die Vernehmung durch frühere Vernehmungsprotokolle oder andere schriftliche Erklärungen zu *ersetzen* (§ 250 S. 2 StPO). Zulässig ist indes, die Vernehmung durch solche früheren Erklärungen oder Protokolle zu *ergänzen*.[123] Ein Verstoß gegen § 250 StPO kann entweder darin liegen, dass

---

[121] *Meyer-Goßner*, (o. Fn. 2), § 244 Rn. 83.
[122] *Meyer-Goßner*, (o. Fn. 2), § 245 Rn. 30 m.w.N.
[123] *Meyer-Goßner*, (o. Fn. 2), § 250 Rn. 12.

eine sachfernere Person anstelle einer sachnäheren als Zeuge vernommen wurde, oder darin, dass eine Urkunde in unzulässiger Weise anstelle eines Personalbeweises verwertet wurde.[124] Beides sind relative Revisionsgründe.[125] Zu beachten sind allerdings die gesetzlich geregelten Ausnahmen der §§ 251, 253 – 256 StPO, sowie die Möglichkeit den so genannten Zeugen vom Hörensagen als Beweismittel heranzuziehen.[126]

(4) Fehlerhafte Schlussvorträge und letztes Wort, § 258 StPO

Am Schluss der Hauptverhandlung halten Staatsanwaltschaft und Angeklagter bzw. sein Verteidiger ihre Schlussvorträge (§ 258 Abs. 1 StPO). Der Angeklagte hat das letzte Wort (§ 258 Abs. 2 StPO). Diese Verfahrensvorschrift ist verletzt, wenn das Gericht nach dem Schlusswort des Angeklagten wieder in die Verhandlung eintritt und es vor der Urteilsverkündung nicht mehr gewährt.[127] Auf einen solchen Verstoß gegen § 258 StPO kann die Revision gestützt werden.[128]

(5) Fehlerhafte Beweiswürdigung, § 261 StPO

Nach § 261 StPO entscheidet das Gericht nach seiner freien, aus dem Inbegriff der Verhandlung geschöpften Überzeugung über das Ergebnis der Beweisaufnahme. Ein Verstoß gegen diese Verfahrensvorschrift liegt vor, wenn das Urteil auf Feststellungen

---

[124] BGH StV 1988, 91.

[125] *Meyer-Goßner*, (o. Fn. 2), § 250 Rn. 15.

[126] *Meyer-Goßner*, (o. Fn. 2), § 250 Rn. 4.

[127] BGH, NStZ-RR 1999, 36; BayObLG, NJW 1957, 1289; *Meyer-Goßner*, (o. Fn. 2), § 258 Rn. 27 ff.

[128] BGHSt 3, 368 [370]; BGH, NStZ 1999 426; OLG Köln, VRS 1969, 444; *Meyer-Goßner*, (o. Fn. 2), § 258 Rn. 33 f. m.w.N.

gestützt wird, die nicht in die Hauptverhandlung eingeführt worden sind bzw. nicht durch die in der Hauptverhandlung verwendeten Beweismittel gewonnen wurden.

(6) Verstoß gegen die Hinweispflicht, § 265 StPO

Der Angeklagte darf ohne rechtlichen Hinweis nicht wegen eines Strafgesetzes verurteilt werden, das nicht in der Anklage aufgeführt worden ist (§ 265 Abs. 1 StPO). Ergeben sich erst in der Verhandlung besondere Umstände, die seine Strafbarkeit erhöhen oder eine Maßregel erfordern, ist der Angeklagte darauf ebenfalls hinzuweisen (§ 265 Abs. 2 StPO). Der Hinweis ist auch erforderlich, sobald sich die Schuldform, die Begehungs- oder Teilnahmeform ändert.[129] Auf Antrag des Angeklagten ist die Hauptverhandlung auszusetzen, wenn er die neuen Umstände bestreitet, welche die Anwendung eines schwereren Strafgesetzes zulassen bzw. eine erhöhte Strafbarkeit oder Maßregel bewirken (§ 265 Abs. 3 StPO). Darüber hinaus hat das Gericht auf Antrag oder von Amts wegen die Hauptverhandlung auszusetzen, um in Fällen veränderter Sachlage eine angemessene Anklage und Verteidigung sicherzustellen (§ 265 Abs. 4 StPO). Die Revision kann auf eine Verletzung der Hinweispflicht (§ 265 Abs. 1 und 2 StPO) sowie auf eine unterlassene Aussetzung der Verhandlung (§ 265 Abs. 3 StPO) gestützt werden.[130] Klausurrelevant sind auch die Fälle, in denen die Staatsanwaltschaft von der Anklage bestimmter Straftaten abgesehen hat (vgl. §§ 153 ff. StPO), diese jedoch im Nachhinein

---

[129] BGH, VRS 49, 184; StV 1984, 367; StraFo 2002, 15; BGHSt 11, 18; BGH, NStZ 1983, 358 [369].

[130] *Meyer-Goßner*, (o. Fn. 2), § 265 Rn. 46.

dennoch im Urteil – etwa strafschärfend – berücksichtigt wurden. Die Verletzung von § 265 Abs. 4 StPO st nur revisibel, wenn das Gericht Rechtsbegriffe verkannt oder sein Ermessen fehlerhaft ausgeübt hat.[131]

(7) Unzulässige Beschränkung der Verteidigung, § 338 Nr. 8 StPO

Obwohl die unzulässige Beschränkung der Verteidigung der Gesetzessystematik nach in die absoluten Revisionsgründe des § 338 StPO aufgenommen wurde, handelt es sich nach nahezu einhelliger Auffassung um einen relativen Revisionsgrund.[132] Vorausgesetzt ist, dass durch einen Beschluss des Gerichts *während* der Hauptverhandlung eine besondere Verfahrensvorschrift verletzt und dadurch die Verteidigungsmöglichkeit des Angeklagten eingeschränkt wurde.[133] Dies kann beispielsweise durch eine Weigerung des Gerichts – nicht aber lediglich des Vorsitzenden – erfüllt sein, Anträge des Verteidigers entgegenzunehmen oder über sie zu entscheiden[134] bzw. dadurch, dass entgegen einer Zusicherung in dessen Abwesenheit weiter verhandelt wurde.[135]

(8) Sonstige Verfahrensverstöße

Neben den bisher genannten sind noch weitere Verfahrensverstöße denkbar, auf die eine Revision gestützt werden kann. Hierbei sind

---

131 BGHSt 8, 92 [96]; BGH, StV 1998, 252; OLG Koblenz, VRS 51, 288.
132 BGHSt 30, 131 [135]; BGH, NStZ 1982, 158; VRS 35, 132; *Meyer-Goßner*, (o. Fn. 2), § 338 Rn. 58 m.w.N.
133 *Meyer-Goßner*, (o. Fn. 2), § 338 Rn. 59 und 60.
134 BGH, NJW 1964, 1485; VRS 35, 132; OLG Bremen, NJW 1981, 2827.
135 OLH Hamm, NStZ 1996, 454

insbesondere das Verlesungsgebot (§ 324 Abs. 1 S. 2 StPO), die Verletzung der Benachrichtigungspflicht (§ 168c Abs. 5 S. 1 StPO), die fehlerhafte Abstimmung (§ 263 Abs. 1 StPO), die fehlerhafte Urteilsverkündung (§ 268 Abs. 3 S. 1 StPO) und die fehlende Dolmetschervereidigung (§ 189 GVG) zu nennen.

b) Beweis

Ein Verfahrensverstoß muss grundsätzlich auch bewiesen werden.[136] Als Beweismittel dient hierfür vorrangig das Sitzungsprotokoll (§ 274 StPO).[137] Die Wirkung der Beweiskraft kann positiv oder negativ sein. Die positive Beweiskraft bedeutet, dass die im Protokoll beurkundeten wesentlichen Förmlichkeiten der Hauptverhandlung als geschehen gelten, selbst wenn sie nicht stattgefunden haben[138]. Die negative Beweiskraft bedeutet, dass als nicht geschehen gilt, was im Protokoll nicht beurkundet ist[139]. Fehlt es ausnahmsweise an der Beweiskraft des Protokolls oder ist es verloren gegangen, so bleiben die Möglichkeiten des Freibeweises[140] und die Auswertung der Urteilsgründe.[141] Eine Wiederholung der Beweisaufnahme seitens des Revisionsgerichts ist nicht möglich, da die Revision als Rechtsmittel *in iure* regelmäßig keine weitere Tatsacheninstanz begründen kann.[142]

---

[136] BGHSt 16, 164 [167]; BGH, NJW 1953, 836; NStZ 1993, 395.
[137] *Meyer-Goßner*, (o. Fn. 2), § 337 Rn. 11.
[138] Meyer-Goßner, (o. Fn. 2), § 274 Rn. 13.
[139] Meyer-Goßner, (o. Fn. 2), § 274 Rn. 14. Vgl. zur sog Rügeverkümmerung aber die Änderung der Rechtsprechung: BGH, NStZ 2007, 532.
[140] BGH, NJW 1976, 977; DAR 1977, 111; JR 1961, 508.
[141] BGHSt 19, 141 [143]; BayObLG, MDR 54, 121.
[142] BGHSt 15, 347; 17, 351; 28, 384; 29, 18 [20]; 31, 139.

c) Beruhen

Das Urteil muss auch auf dem Verfahrensfehler *beruhen*. Das bedeutet, dass die Revision nur dann auf einen Verfahrensverstoß gegründet werden kann, wenn das angefochtene Urteil bei richtiger Anwendung des Gesetzes anders ausgefallen wäre.[143] Es muss mithin ein kausaler Zusammenhang zwischen dem Verfahrensfehler und dem angefochtenen Urteil vorliegen. Der Zusammenhang muss indes nicht nachgewiesen sein; die Möglichkeit, dass das Urteil auf dem Fehler beruht, reicht aus.[144] Liegt ein absoluter Revisionsgrund (§ 338 Nr. 1 bis 7 StPO) vor, wird das Vorliegen dieses Ursachenzusammenhangs unwiderleglich vermutet; er entfällt lediglich, wenn das Beruhen denklogisch auszuschließen ist.[145] Nur in den Fällen der relativen Revisionsgründe (§ 337 StPO) muss das Beruhen explizit festgestellt werden.[146]

d) Keine Präklusion

Schließlich darf das Vorbringen des Revisionsführers, dass eine Verfahrensvorschrift verletzt wurde, nicht präkludiert sein. Ob eine Rügepräklusion eingetreten ist, hängt davon ab, ob der Revisionsführer den Verfahrensverstoß schon bis zum Ende der Hauptverhandlung hätte geltend machen müssen. Daher kommt es zunächst darauf an, ob der Verfahrensverstoß von Amts wegen oder nur auf Antrag eines Verfahrensbeteiligten hin zu prüfen ist. Lediglich im letzteren Fall kommt eine Rügepräklusion überhaupt in Betracht.

---

143 *Meyer-Goßner*, (o. Fn. 2), § 337 Rn. 37.
144 BGHSt 1, 346 [350]; 8, 155 [158]; 9, 77 [84]; 20, 160 [164]; 21, 288; 22, 278.
145 S.o.: S. 200 f.
146 S.o.: S. 15 f.

Hat das Instanzgericht den Antrag als unzulässig verworfen oder als unbegründet zurückgewiesen, hat der Revisionsführer den Verfahrensfehler also bereits in der Hauptverhandlung erfolglos beanstandet, liegt regelmäßig keine Präklusion vor. Anderenfalls, wenn also ein Verfahrensfehler schon während der Hauptverhandlung aufgetreten ist, aber nicht beanstandet wurde, kann regelmäßig eine Rügepräklusion in Frage kommen. Das Erfordernis, einen Verfahrensverstoß bereits in der Hauptverhandlung zu beanstanden, findet sich in einer ganzen Reihe verschiedener Vorschriften der StPO (vgl. §§ 6a S. 3; 16 S. 2; 25 Abs. 1 und 2; 217 Abs. 2; 218 Abs. 1 S. 2; 222b Abs. 1 S. 1; 238 Abs. 2, 257 StPO). Ist der Verfahrensverstoß erst einmal festgestellt, so lässt sich teilweise schon der verletzten Norm selbst ein Hinweis auf die zeitlichen Grenzen der Rüge entnehmen. Ist dies nicht der Fall, so muss auf die Anmerkungen im Handkommentar zurückgegriffen werden.

EXKURS: Zwischenrechtsbehelf, § 238 Abs. 2 StPO; Widerspruchslösung, § 257 StPO

Nach § 238 Abs. 2 StPO müssen Fehler bei der Verhandlungsleitung, der Vernehmung des Angeklagten und der Beweisaufnahme grundsätzlich zunächst im Wege des Zwischenrechtsbehelfs schon während der Hauptverhandlung vom Verteidiger beanstandet werden.[147] Versäumt dieser die Einlegung des Zwischenrechtsbehelfs, verwirkt er damit das Recht zur Revision.[148] Es gibt jedoch zwei wesentlichen Ausnahmen von

[147] *Meyer-Goßner*, (o. Fn. 2), § 238 Rn. 22.
[148] BGHSt 1, 322; 3, 368; 4, 364.

diesem Grundsatz: Sofern der Angeklagte in der Hauptverhandlung nicht anwaltlich vertreten war, musste er die Regelung des § 238 Abs. 2 StPO nicht kennen. Er behält trotz unterbliebenen Zwischenrechtsbehelfs sein Revisionsrecht.[149] Hat sich der Richter über eine von Amtswegen gebotene, unverzichtbare Maßnahme hinweggesetzt oder eine Maßnahme missachtet, die keinen Entscheidungsspielraum zulässt, ist der Zwischenrechtsbehelf ebenfalls verzichtbar.[150]

Nach der vom BGH vertretenen Widerspruchslösung muss der Angeklagte der Verwertung einer Beschuldigten- oder Zeugenaussage bis zum Zeitpunkt des § 257 StPO widersprechen.[151] Dies gilt jedoch nicht für den Angeklagten, der keinen Verteidiger hat, und vom Gericht nicht über die Möglichkeit eines Widerspruchs unterrichtet worden ist.[152] Diese Widerspruchslösung wurde bisher nur für Belehrungs- oder Benachrichtigungspflichten (vgl. §§ 52 Abs. 3, 136 Abs. 1, 224 Abs. 1 S. 1, 168c Abs. 5 S. 1 StPO, nicht aber darüber hinaus (vgl. insbesondere die §§ 136a, 252 StPO)) angewandt.

3. Verletzung von sachlich-rechtlichen Vorschriften (Sachrüge)

Rügt der Beschwerdeführer mit der Revision die Verletzung von sachlich-rechtlichen Normen, hat er die *Sachrüge* zu erheben (§ 344 Abs. 2 S. 1, 2. Hs. StPO). Im Rahmen der Sachrüge prüft das Gericht zum einen, ob die Tatsachenfeststellungen Mängel aufweisen, die aus dem Urteil selbst erkennbar sind und ob der Weg, auf dem das Tatgericht zu diesen Feststellungen gelangt ist, fehlerfrei dargestellt ist (*Darstellungsrüge*). Zum anderen werden die

---

[149] OLG Koblenz, StV 1992, 263; OLG Köln, NStZ-RR 1997, 366.
[150] *Meyer-Goßner*, (o. Fn. 2), § 238 Rn. 22.
[151] BGH St 38, 214; 42, 15.
[152] Meyer-Goßner, (o. Fn. 2), § 136 Rn. 25.

richtige Gesetzesanwendung und dabei auch der Rechtsfolgenausspruch überprüft. Die Bezeichnung als Sachrüge ist zwar nicht notwendig, das Revisionsvorbringen muss jedoch ergeben, dass die Nachprüfung in sachlich-rechtlicher Hinsicht begehrt wird.[153] Der Beschwerdeführer muss die Rechtsverletzung nicht dezidiert darlegen. Es genügt, dass er die allgemeine Sachrüge mit dem Satz erhebt: „Es wird die Verletzung sachlichen Rechts gerügt."[154] Dabei kann es sich um Mängel in der Darstellung des Sachverhalts bei der Gesetzesanwendung bzw. beim Rechtsfolgenausspruch handeln.

a) Fehler bei der Sachverhaltsdarstellung (Darstellungsrüge)

Darstellungsmängel sind gegeben, wenn das Urteil in den Sachverhaltsfeststellungen unvollständig ist. Das ist der Fall, wenn ein Tatbestandsmerkmal einer Straftat, nach dem der Angeklagte verurteilt wurde, in den Sachverhaltsfeststellungen des Urteils nicht ausgeführt ist. Bei der Prüfung einer Darstellungsrüge sind ausschließlich die Ausführungen des Urteils zugrunde zu legen, da die Revision nur eine Überprüfung der Rechtsanwendung, nicht aber der Tatsachenermittlung zulässt.[155] Es ist jedoch ausreichend, wenn sich die fehlenden Tatbestandsmerkmale aus dem Gesamtzusammenhang des Urteils ergeben, also etwa Ausführungen dazu erst in der Strafzumessung auftauchen.[156] Da dieser Punkt in der Klausur in der Regel unproblematisch sein wird,

---

[153] BGH, NStZ 1991, 597; 1993, 31.
[154] BGHSt 25, 272; RGSt 40, 99.
[155] S.o.: S. 1.
[156] *Titz*, JA 2002, 75.

bietet sich folgende Formulierung an: „Die tatsächlichen Feststellungen, sowie die Beweiswürdigung weisen keine Rechtsfehler auf. Insbesondere sind sie nicht in sich widersprüchlich, lückenhaft oder unklar und verstoßen nicht gegen Denkgesetze und Erfahrungssätze."

b) Fehler bei den Rechtsfolgen (Subsumtionsrüge)

Hat das Gericht materielles Recht fehlerhaft angewandt, den Angeklagten also etwa wegen eines Delikts verurteilt, dessen Voraussetzungen auf Grundlage der Urteilsgründe nicht vorliegen, liegt ein sachlich-rechtlicher Fehler bei der Gesetzesanwendung vor. Liegen Anzeichen hierfür vor, ist eine materiellrechtliche Prüfung des abgeurteilten Delikts auf Grundlage der Urteilsgründe vorzunehmen. Darüber hinaus müssen die Urteilsgründe auf alle in Frage kommenden Delikte überprüft werden. Letztlich können auch Fehler beim Rechtsfolgenausspruch die Revision begründen. Ein solcher Fehler ist gegeben, wenn wesentliche Aspekte der Strafzumessung nicht berücksichtigt bzw. bereits für den Tatbestand erforderliche Merkmale erneut strafmodifizierend herangezogen wurden.

C. Revisionsanträge

Die Formulierung eines Revisionsantrags bildet regelmäßig das Ende einer Revisionsklausur. Der Inhalt des Revisionsantrags ergibt sich aus § 344 Abs. 1 StPO. Zwar ist eine breite Palette verschiedener Revisionsanträge denkbar, in der Klausur stellt aber die nach § 354 Abs. 2 StPO zu beantragende Aufhebung des Urteils und Zurückverweisung der Sache den Regelfall dar. Hierzu bietet sich folgende Formulierung an:

„Das Urteil des (Gericht, Ort, Az., Datum) wird aufgehoben und die Sache zur erneuten Verhandlung und Entscheidung an eine andere (Abteilung/Kammer, Gericht, Ort) zurück verwiesen."

In den Fällen des § 354 Abs. 1 StPO lauten die entsprechenden Anträge wie folgt:

„Das Urteil des (Gericht, Ort, Az., Datum) wird aufgehoben. Der Angeklagte wird freigesprochen. Die Kosten des Verfahrens und die dem Angeklagten erwachsenen notwendigen Auslagen trägt die Staatskasse."

„Das Urteil des (Gericht, Ort, Az., Datum) wird aufgehoben. Das Verfahren wird eingestellt. Die Kosten des Verfahrens und die dem Angeklagten erwachsenen notwendigen Auslagen trägt die Staatskasse."

Schließlich sind die Anträge in den Fällen des § 353 Abs. 1 StPO folgendermaßen zu formulieren:

„Das Urteil des (Gericht, Ort, Az., Datum) wird mit den zugrunde liegenden Feststellungen aufgehoben, soweit der Angeklagte wegen (Delikt) verurteilt wurde. Im Umfang der Aufhebung wird die Sache zu neuer Verhandlung an eine andere (Abteilung/Kammer, Gericht, Ort) zurück verwiesen."

„Das Urteil des (Gericht, Ort, Az., Datum) wird mit den zugrunde liegenden Feststellungen aufgehoben. Soweit der Angeklagte wegen (Delikt) verurteilt wurde wird das Verfahren eingestellt. Im Übrigen wird die Sache zu neuer Verhandlung an eine andere (Abteilung/Kammer/Senat, Gericht, Ort) zurück verwiesen."

D. Beispiel für eine Revisionsbegründungsschrift

Nach § 344 StPO muss die Revision begründet werden: Die Revisionsbegründung besteht aus den Revisionsanträgen und deren Rechtfertigung (§ 344 Abs. 1 StPO) und verlangt bestimmte Ausführungen darüber, auf welche Rechtsnormen die Anfechtung gestützt wird (§ 344 Abs. 2 S. 1 StPO). Bei der Verfahrensrüge müssen die den Mangel enthaltenen Tatsachen angegeben werden (§ 344 Abs. 2 S. 2 StPO).

I. Revisionsantrag

Zu den möglichen Revisionsanträgen, vgl. oben C.

II. Wesentlicher Inhalt der Revisionsbegründung

1. Verfahrenshindernisse/ Fehlende Verfahrensvoraussetzungen

Das Bestehen von Verfahrenshindernissen ist von Amts wegen zu prüfen, der Beschwerdeführer ist also nicht darlegungspflichtig. Dennoch ist von ihm zu erwarten, dass er die von Amts wegen vorzunehmende Prüfung erleichtert, indem er von sich aus auf ihm bekannte Verfahrenshindernisse bzw. fehlende Verfahrensvoraussetzungen hinweist.

Beispiel: *"Vorab weise ich auf folgende von Amtswegen zu beachtende Verfahrensvoraussetzung hin: Obwohl es sich bei der dem Lebenssachverhalt zugrunde liegenden Tat um eine Körperverletzung mit Todesfolge handelt, wurde entgegen § 74 Abs. 2 Nr. 8 GVG nicht beim Schwurgericht sondern bei der großen Strafkammer angeklagt".*

2. Verfahrensrüge

Im Gegensatz zur Sachrüge sind Verfahrensrügen näher zu begründen (§ 344 Abs. 2 S. 2 StPO). Notwendig ist zunächst die Behauptung eines bestimmten Verfahrensmangels. Verfahrensfehler sind als Tatsachen vorzutragen, nicht als bloße Möglichkeiten. Diese müssen so genau und vollständig dargelegt werden, dass das Revisionsgericht allein an Hand der Revisionsbegründung in die Lage versetzt wird, über das Vorhandensein oder Fehlen eines Verfahrensmangels endgültig zu entscheiden, wenn das tatsächliche Vorbringen der Revision zutrifft. Für den Revisionsvortrag wesentliche Schriftstücke oder Aktenstellen sind durch wörtliche Zitate zum Bestandteil der Revisionsbegründung zu machen. Es muss eine geschlossene und vollständige Darstellung vorliegen. Es genügt nicht, auf beigefügte Urkunden oder auf den Inhalt der Akten zu verweisen.

Beispiel: *"Gerügt wird die Verletzung formellen Rechts. Das Gericht hat in der Hauptverhandlung vom 17.12.2008 den Zeugen Bernt Meyer vernommen. Der Zeuge ist der Verlobte der Angeklagten. Er wurde jedoch nicht über sein Zeugnisverweigerungsrecht nach § 52 Abs. 1 Nr. 1 StPO belehrt.*

Beweis: Protokoll der Hauptverhandlung vom 17.12.2008, S. 14 (= Bl. 46 d. A.).

Damit hat das Gericht gegen § 52 Abs. 3 StPO verstoßen, der eine Belehrung über das Zeugnisverweigerungsrecht zwingend vorschreibt. Ein Verstoß gegen § 52 StPO berührt auch den Rechtskreis des Angeklagten. Das Urteil beruht auf diesem Verstoß. Die Aussage wurde im Urteil verwertet. Bei ordnungsgemäßer Belehrung hätte der Zeuge möglicherweise nicht ausgesagt."

3. Sachrüge

Die Sachrüge kann in allgemeiner Form erhoben werden. Der Beschwerdeführer sollte (in Examensklausuren: muss) jedoch im Einzelnen darlegen in welchen Punkten seiner Auffassung nach das materielle Recht durch das Urteil verletzt worden ist.

Beispiel: *„Es wird die Verletzung sachlichen Rechts gerügt". Das Gericht hätte den Angeklagten nicht wegen Computerbetrugs schuldig sprechen dürfen. Es fehlt bereits an einer unbefugten Verwendung von Daten. Das Merkmal „unbefugt" ist betrugsspezifisch auszulegen..."*

E. Beispielsfall: Sterbehilfe mit Folgen

I. Sachverhalt

Protokoll **über die öffentliche Sitzung des** **Amtsgerichts Kiel** **– Schöffengericht –**	**Ort und Tag:** Kiel, 01.04.2008
Geschäftsnummer: 29 Ls 309 Js 135/08	**Dauer:** 13.00 Uhr bis 15.40 Uhr

Strafsache

Gegenwärtig: RiAG Post **als Vorsitzender** Dagmar Peters Heinrich Meerbold **als Schöffen** StA Hansen **als Beamter** **der Staatsanwaltschaft**	**gegen:** den Arzt im Städtischen Krankenhaus Kiel Dr. med. Norbert Andresen, geboren am 19.06.1975 in Hamburg, verheiratet, deutscher Staatsangehöriger, wohnhaft Westring 359, 24118 Kiel,

Justizangestellter Voss
als Urkundsbeamte
der Geschäftsstelle

wegen:
Schwerer Körperverletzung

Die Hauptverhandlung begann mit dem Aufruf zur Sache.
Der Vorsitzende stellte fest, dass erschienen waren:

der Angeklagte,

als Verteidiger
Rechtsanwalt Christian Maler, Kiel,

folgende Zeugen und Sachverständige:
Maria Andresen, Kiel
KK Nikolaus Ernst, Kiel
Prof. Dr. Heinz Ehlers, Institut für Rechtsmedizin, Kiel

Die Zeugen wurden zur Wahrheit ermahnt und darauf hingewiesen, dass die Möglichkeit der Vereidigung bestehe.

Die Zeugen entfernten sich daraufhin aus dem Sitzungssaal.

Der Angeklagte wurde zu seinen persönlichen Verhältnissen vernommen. *(Bearbeiterhinweis: Vom Abdruck der wesentlichen Inhalte i.S.d. § 273 Abs. 2 StPO wurde abgesehen.)*

Im Anschluss verlas der Vertreter der Staatsanwaltschaft den Anklagesatz aus der Anklageschrift vom 12.03.2008.
Es wurde festgestellt, dass die Anklage der Staatsanwaltschaft Itzehoe vom 12.03.2008 durch Beschluss vom 14.03.2008 zugelassen und das Hauptverfahren eröffnet wurde.

Der Angeklagte wurde darauf hingewiesen, dass es ihm freistehe, sich zur Anklage zu äußern oder nicht zur Sache auszusagen.

Der Angeklagte erklärte:
Ich bin zur Äußerung nicht bereit.

Die Zeugin Andresen wurde in den Sitzungssaal gerufen und sodann vernommen wie folgt:

Zur Person:
Maria Andresen, 37 Jahre alt, verheiratet, wohnhaft Nehringweg 33, 24159 Kiel, Hausfrau, Schwester des Angeklagten.

Zur Sache:
Die Zeugin sagte zur Sache aus. *(Bearbeiterhinweis: Vom Abdruck*

der wesentlichen Inhalte i.S.d. § 273 Abs. 2 StPO wurde abgesehen.)

Die Zeugin wurde in allseitigem Einverständnis unvereidigt entlassen.

Der Zeuge Ernst wurde in den Sitzungssaal gerufen und sodann vernommen wie folgt:

Zur Person:
Nikolaus Ernst, 29 Jahre alt, ledig, wohnhaft Olshausenstraße 75, 24118 Kiel, Kriminalkommissar, mit dem Angeklagten nicht verwandt und nicht verschwägert.

Zur Sache:
Der Zeuge gab an, sich nicht mehr an die Vernehmung des Angeklagten erinnern zu können. Dem Zeugen wurde das Protokoll über die Vernehmung des Angeklagten vorgehalten. Er bekundete, sich nach wie vor nicht an den Inhalt der Vernehmung erinnern zu können, gehe aber davon aus, dass alles, was gerade vorgelesen worden sei, auch so stimme. Sonst hätte er es nicht in das Vernehmungsprotokoll aufgenommen.

Der Verteidiger rügt, dass der Angeklagte bei seiner polizeilichen Vernehmung nicht über sein Schweigerecht belehrt worden sei. Die Einführung der früheren Vernehmung in den Prozess sei daher unzulässig.

(Bearbeiterhinweis: Es folgt die ordnungsgemäße Gutachtenerstattung des Sachverständigen Prof. Dr. Ehlers, der Martha Andresen untersucht hat, zur Frage der Dosierung des Morphiums und der Ursache ihrer Sprach- und Wahrnehmungsstörungen sowie der weiteren Folgen. Der Sachverständige wurde im allseitigen Einverständnis unvereidigt entlassen. Vom Abdruck wurde abgesehen.)

Der Verteidiger stellte den Antrag,
die Ehefrau des Angeklagten als Zeugin darüber zu vernehmen, dass seine Mutter im letzten Jahr durchgehend unter unerträglichen Schmerzen litt, der Angeklagte sich dem Sterbewunsch seiner Mutter entgegen seiner inneren Überzeugung vollständig untergeordnet hat und in keiner Weise ein Zusammenhang zu den finanziellen Problemen des Angeklagten bestand. Der Angeklagte habe sich ihr wiederholt mit seinen Sorgen und Nöten anvertraut.

Nach Beratung erging gemäß § 244 Abs. 6 StPO folgender Beschluss:
Der Antrag der Verteidigung, die Ehefrau des Angeklagten als Zeugin zu vernehmen, wird abgelehnt, da sich diese in einer so kritischen Lage mit Sicherheit auf ihr Zeugnisverweigerungsrecht berufen werde. Selbst für den unwahrscheinlichen Fall einer Aussage, käme dieser wegen der engen persönlichen Beziehung zum Angeklagten und dem verständlichen Bedürfnis, den eigenen Ehemann zu schützen, kein entscheidender Beweiswert zu. Es ist

daher für alle Beteiligten das Beste, die Ehefrau vor sich selbst zu schützen und sie nicht dem Druck einer Vernehmung auszusetzen, von der die weitere Zukunft ihres Gatten abhängt.

Der Bundeszentralregisterauszug wurde verlesen. Nach diesem ist der Angeklagte nicht vorbestraft.

Der Vorsitzende regt an, die Beweisaufnahme zu schließen, da insbesondere die Aussage des Zeugen Ernst die Geschehnisse hinreichend erhellt hätte.

Der Verteidiger rügt, dass das Protokoll über die polizeiliche Vernehmung des Angeklagten verwertet wird, da eine Urkunde nur durch Verlesung und nicht durch Vorhalt zum Gegenstand des Prozesses gemacht werden kann. Der Zeuge Ernst hat sich trotz Vorhalt nicht an die Vernehmung erinnert und der Inhalt der Vernehmung sei daher nicht Gegenstand der Aussage geworden.

Der Vorsitzende fordert den Verteidiger auf, seine ständigen unqualifizierten Rügen zu unterlassen, die keinen weiteren Zweck verfolgen könnten, als das Protokoll unnötig aufzublähen. Die Vernehmung des Zeugen Ernst sei schon seit langem abgeschlossen und wenn er sich während seines Studiums nur ein wenig mehr auf seine Bücher als auf seine Kommilitoninnen konzentriert hätte, wäre ihm auch nicht entgangen, dass jegliche Verfahrensverletzung unverzüglich gerügt werden müsse. Nun sei es zu spät und er müsse mit den Konsequenzen seiner Versäumnis leben. Die Götter in Weis könnten schließlich auch nicht immer gewinnen.

Der Verteidiger stellt daraufhin den Antrag,
den Vorsitzenden wegen Besorgnis der Befangenheit abzulehnen.
In der Hauptverhandlung hat der Vorsitzende die Anträge der Verteidigung als unqualifiziert bezeichnet und den Verteidiger persönlich beleidigt. Seine juristische Bildung habe er als ungenügend dargestellt sowie Vorurteile gegenüber der Ärzteschaft verlautbaren lassen.
Mit seinen Aussagen hat der Vorsitzende den Eindruck erweckt, den Angeklagten unangemessen und unsachlich zu behandeln. Das Vertrauen in die Unparteilichkeit des Vorsitzenden sei zerstört.
Zur Glaubhaftmachung beziehe er sich auf die dienstliche Aussage des Vorsitzenden und des Protokollführers.

Nach Beratung erging folgender Beschluss:
Der Antrag der Verteidigung auf Ablehnung des Vorsitzenden wegen Besorgnis der Befangenheit wird als unzulässig zurückgewiesen, da der Antrag offensichtlich nur der Verschleppung des Verfahrens diene.

Nach jeder einzelnen Beweiserhebung wurde der Angeklagte befragt, ob er etwas zu erklären habe. Anträge zur Beweisaufnahme wurden nicht mehr gestellt. Weitere Erklärungen wurden nicht abgegeben.

Im Einvernehmen aller Beteiligten wurde die Beweisaufnahme geschlossen.

Die Staatsanwaltschaft und sodann der Angeklagte und sein Verteidiger erhielten zu ihren Ausführungen das Wort.

Der Vertreter der Staatsanwaltschaft beantragte, den Angeklagten wegen schwerer Körperverletzung zu einer Freiheitsstrafe von 3 Jahren und 6 Monaten zu verurteilen.

Der Verteidiger beantragt, seinen Mandanten zu einer Freiheitsstrafe von nicht mehr als anderthalb Jahren zu verurteilen und die Freiheitsstrafe zur Bewährung auszusetzen.

Der Angeklagte, befragt, ob er selbst noch etwas zu seiner Verteidigung auszuführen habe, erklärte:
Ich habe zu meiner Verteidigung nichts mehr auszuführen.

Der Angeklagte hatte das letzte Wort.

Die Sitzung wurde sodann um 15.20 Uhr unterbrochen und um 15.30 Uhr in gleicher Besetzung fortgesetzt.

Der Vorsitzende verkündete durch Verlesen der Urteilsformel und mündliche Mitteilung des wesentlichen Inhalts der Urteilsgründe folgendes

Urteil

Im Namen des Volkes

Der Angeklagte wird wegen schwerer Körperverletzung zu einer Freiheitsstrafe von 2 Jahren und 10 Monaten verurteilt.

Er trägt die Kosten des Verfahrens.

Angewendete Strafvorschrift: § 226 Abs. 1 Nr. 3 StGB.

Die Rechtsmittelbelehrung erfolgte durch den Vorsitzenden.

Es wurden keine Erklärungen abgegeben.

Das Protokoll wurde am 07.04.2008 fertig gestellt.

Post — *Voss*

Post, RiAG — Voss, Justizangestellter

(Auszug aus den schriftlichen Gründen des Urteil des Amtsgerichts Kiel – Schöffengericht – vom 01.04.2008 betreffend die Strafsache 29 Ls 309 Js 135/08)

I.

(Bearbeiterhinweis: Vom Abdruck der Feststellungen zur Person des Angeklagten wurde abgesehen.)

II.

Die Mutter des Angeklagten, Martha Andresen, war vor mehreren Jahren schwer erkrankt. Seitdem war sie an ihr Bett gefesselt und litt häufig unter starken Schmerzen, die mit hohen Dosen Ibuprofen behandelt werden mussten. Chancen auf Heilung bestanden nicht. Ihre einzigen Kinder, der Angeklagte und seine Schwester, betreuten sie in ihrer Privatwohnung und der Angeklagte nahm zusätzlich die ärztliche Betreuung wahr.

Die Mutter Andresen hatte sich bereits seit einiger Zeit mit dem Für und Wider aktiver, passiver und indirekter Sterbehilfe auseinander gesetzt und war zu dem Schluss gelangt, dass ihr Leben nicht mehr lebenswert sei und sie möglichst bald sterben wolle. Sie bat daher am 12.01.2008 den Angeklagten, der eine betäubungsmittelrechtliche Erlaubnis zur Durchführung von Schmerzbehandlungen mit Morphium besaß, ihr eine tödlich wirkende Dosis Morphium zu injizieren. Der Angeklagte tat, wie ihm geheißen, und spritzte seiner Mutter eine Überdosis Morphium, um ihren Tod herbeizuführen. Hierbei ließ er sich vorrangig von dem innigen Sterbewunsch seiner Mutter, aber auch von der Hoffnung auf ein schnelles Erbe leiten. Der Angeklagte hatte sich bei seinem Hausbau finanziell übernommen und lebte seit einiger Zeit mit steigender Schuldenlast.

Die Menge an Morphium, die der Angeklagte gespritzt hatte, überstieg die üblicherweise zur Linderung sehr starker Schmerzen

eingesetzte Menge nur leicht.
Nach der Injektion bat Frau Andresen ihren Sohn, sie alleine zu lassen.

Der Angeklagte wurde anschließend von starker Trauer und Schuldgefühlen übermannt und musste sich jemandem anvertrauen. Er rief daher seine Schwester an, die ihm aufgewühlt ins Gewissen redete. Sie überzeugte ihn davon, dass er Unrecht getan habe und den Tod der Mutter verhindern müsse. Nach dem Gespräch mit seiner Schwester scheute der Angeklagte eine Strafanzeige wegen eines Tötungsdeliktes. Seine Schwester hatte ihm deutlich gemacht, dass sie auch Formen der indirekten passiven Sterbehilfe für verwerflich hielte und dem Vormundschaftsgericht sicher Kenntnis darüber geben werde, wenn ihre Mutter aufgrund der Abgabe schmerzlindernder Mittel versterben sollte.

Daraufhin suchte der Angeklagte seine Mutter erneut auf und injizierte ihr ein Kreislauf anregendes Mittel, das im Wesentlichen auf Adrenalin aufbaute. Er ging davon aus, dass dieses Verhalten möglicherweise jede Strafbarkeit entfallen ließe, er sich aber auf keinen Fall dem Vorwurf eines Verbrechens ausgesetzt sähe.

Seine Mutter überlebte aufgrund der Adrenalingabe. Zuvor hatte ihr Atem aber bereits einige Zeit ausgesetzt und damit zu einer erheblichen Sauerstoffunterversorgung des Gehirns und zu irreversiblen Schädigungen desselben geführt, die sich unter anderem in Sprech- und Wahrnehmungsstörungen äußerten.

Weitere körperliche Funktionen wurden erheblich beeinträchtigt. Frau Andresen verfiel in ein schweres Siechtum.

III.

Die Feststellungen beruhen auf den glaubhaften Bekundungen der Zeugen Andresen und Ernst. Diese decken sich bis in jede Einzelheit mit den gutachterlichen Erkenntnissen des Sachverständigen Ehlers. *(Bearbeiterhinweis: Die Beweiswürdigung im Übrigen ist nicht zu beanstanden. Vom Abdruck wurde abgesehen.)*

IV.

Der Angeklagte hat sich somit wegen schwerer Körperverletzung nach § 226 Abs. 3 Nr. 3 StGB strafbar gemacht.
Seine Mutter ist aufgrund der Morphiumabgabe in ein schweres Siechtum verfallen. Die Körperverletzung war unmittelbare Ursache der schweren Folge.

V.

Bei der Strafzumessung hat sich das Gericht von folgenden Erwägungen leiten lassen:
§ 226 Abs. 1 StGB ist wegen der Mindeststrafe von einem Jahr ein Verbrechen. Hieran ändert sich auch nicht deshalb etwas, weil der Angeklagte von einer Tötung auf Verlangen und damit von einem Vergehen zurückgetreten ist. Seine Mutter hatte nämlich nur in ihre Tötung und nicht etwa ein Weiterleben mit den schweren Folgen des § 226 StGB und das harte Schicksal eingewilligt, dass sie nun ereilte. Der Strafrahmen betrug damit ein Jahr bis zu 10 Jahren

Freiheitsstrafe. Zu Gunsten des Angeklagten war zu werten, dass er sich durch den Rücktritt Rechtskonform verhalten und sowohl bei der Injektion des Morphiums als auch bei der Injektion des Adrenalins zum vermeintlich Besten seiner Mutter handeln wollte. Zu seinen Lasten war zu berücksichtigen, dass bei seiner Entscheidung auch eigennützige finanzielle Motive mitbestimmend waren.

VI.

Die Entscheidung über die Kosten ergibt sich aus § 465 Abs. 1 StPO.

Post

(Post, RiAG)

Bearbeitervermerk:

1. Sie sind RechtsreferendarIn in der Kanzlei Maler und erhalten die Akte am 08.04.2008 mit der Bitte, die Erfolgsaussichten einer Revision zu prüfen. Dabei ist auf alle aufgeworfenen Rechtsfragen zumindest hilfsgutachterlich einzugehen.

2. Das Urteil ist Rechtsanwalt Maler am 04.04.2008 zugestellt worden.

3. Nicht abgedruckte Aktenteile sind für die Bearbeitung ohne Bedeutung.

4. Die Formalien (Zustellungen, Vollmachten, Unterschriften usw.) sind, soweit sich aus dem mitgeteilten Akteninhalt nichts anderes ergibt, in Ordnung.

5. Kalenderauszug:

März								April								Mai							
KW	Mo	Di	Mi	Do	Fr	Sa	So	KW	Mo	Di	Mi	Do	Fr	Sa	So	KW	Mo	Di	Mi	Do	Fr	Sa	So
9	-	-	-	-	-	1	2	14	-	1	2	3	4	5	6	18	-	-	-	1	2	3	4
10	3	4	5	6	7	8	9	15	7	8	9	10	11	12	13	19	5	6	7	8	9	10	11
11	10	11	12	13	14	15	16	16	14	15	16	17	18	19	20	20	12	13	14	15	16	17	18
12	17	18	19	20	21	22	23	17	21	22	23	24	25	26	27	21	19	20	21	22	23	24	25
13	24	25	26	27	28	29	30	18	28	29	30	-	-	-	-	22	26	27	28	29	30	31	-
14	31	-	-	-	-	-	-	-	-	-	-	-	-	-	-	-	-	-	-	-	-	-	-

II. Musterlösung

1. Teil: Zulässigkeit der Revision

Die Revision müsste zulässig sein.

A. Statthaftigkeit, §§ 335 Abs. 1, 312 StPO

Die Revision ist als Sprungrevision gemäß § 335 Abs. 1 StPO statthaftes Rechtsmittel gegen Urteile, die mit der Berufung angefochten werden können. Dies ist bei Urteilen des Schöffengerichts gemäß § 312 StPO der Fall. Für die Entscheidung über die Revision wäre gemäß § 121 GVG das Oberlandesgericht Schleswig zuständig.

B. Antragsberechtigung

Rechtsanwalt Maler müsste persönlich und sachlich zur Einlegung der Revision berechtigt sein.

I. Persönliche Antragsberechtigung gemäß §§ 296 ff. StPO

Die persönliche Antragsberechtigung des Verteidigers ergibt sich aus § 297 StPO.

II. Sachliche Antragsberechtigung gemä0 § 302 StPO

Ein Rechtsmittelverzicht wurde nicht erklärt und die Revision wurde nicht zurückgenommen. Die sachliche Antragsbefugnis ist nicht gemäß § 302 Abs. 1 StPO entfallen.

C. Beschwer

Der Verteidiger ist Vertreter des Angeklagten. Der Angeklagte ist durch die Verurteilung zu einer Freiheitsstrafe von 2 Jahren und 10 Monaten beschwert.

D. Ordnungsgemäße Revisionseinlegung, § 341 StPO

Die Revision müsste form- und fristgerecht eingelegt werden.

I. Frist, § 341 StPO

Nach § 341 StPO ist die Revision binnen einer Woche nach Verkündung des Urteils einzulegen. Die Frist wird nach § 43 StPO berechnet. Das Urteil wurde am 01.04.2008 in Anwesenheit des Angeklagten und seines Verteidigers verkündet. Die Frist endet demnach am 08.04.2008, dem heutigen Tag.

II. Form und Adressat, § 341 Abs. 1 StPO

Die Revision ist schriftlich oder zu Protokoll der Geschäftsstelle einzulegen. Wegen der knappen Frist sollte schnellstmöglich ein Fax gesendet oder die Revisionseinlegung persönlich beim Amtsgericht Kiel, dem iudex a quo, eingeworfen werden.

E. Revisionsbegründung, §§ 344, 345 StPO

Die Revision müsste auch form- und fristgerecht begründet werden.

I. Frist, § 345 Abs. 1 StPO

Die Revision muss innerhalb eines Monats nach Ablauf der Frist zur Einlegung des Rechtsmittels begründet werden, wenn das Urteil innerhalb dieser Frist zugestellt wurde. Die Frist zur Einlegung der Revision läuft vorliegend am 08 04.2008 ab. Das Urteil wurde rechtzeitig vor Fristablauf zugestellt.

Ob der 08.04.2008 im Rahmen der Begründungsfristberechnung mitzuzählen ist, ist umstritten. Das OLG Bamberg vertritt die Rechtsauffassung, dass die Revisionseinlegungsfrist exakt eine Woche nach dem Frist auslösenden Ereignis endet und noch am selben Tag die Revisionsbegründungsfrist zu laufen beginnt.[157] Die Revisionsbegründungsfrist endet nach dieser Rechtsauffassung am 08.05.2008.

Nach der herrschenden Gegenauffassung beginnt die Revisionsbegründungsfrist allerdings erst im unmittelbaren

[157] OLG Bamberg, NZV 2006, 322; *Schulze,* JR 1996, 51.

Anschluss an die Revisionseinlegungsfrist zu laufen.[158] Die Revisionsbegründungsfrist würde am 09.05 2008 enden.

Nach beiden Auffassungen ist daher die rechtzeitige Begründung möglich. Einer Stellungnahme bedarf es nicht. Aus Gründen anwaltlicher Vorsicht sollte die Revision jedoch bis zum 08.05.2008 begründet werden.

II. Inhalt, Form und Adressat, §§ 344 Abs. 1, 2, 345 Abs. 1 S. 1 StPO

Die Revisionsbegründung ist gemäß § 345 Abs. 1 S. 1 StPO entsprechend der Revisionseinlegung schriftlich an den iudex a quo, das Amtsgericht Kiel, zu richten. Sie muss nach § 344 Abs. 1, 2 StPO einen konkreten Revisionsantrag enthalten.

F. Zwischenergebnis

Die Revision ist zulässig.

2. Teil: Begründetheit

Die Revision müsste begründet sein.

A. Von Amtswegen zu berücksichtigende Verfahrensvoraussetzungen

Möglicherweise fehlt bereits die sachliche Zuständigkeit des Schöffengerichts und damit eine von Amtswegen zu berücksichtigende Verfahrensvoraussetzungen.

---

[158] BGHSt 36, 241; *Meyer-Goßner*, (o. Fn. 2), § 345 Rn. 4.

I. Klage vor einem unzuständigen Gericht/Recht auf den gesetzlichen Richter gemäß Art. 101 Abs. 1 S. 2 GG

Die Klage könnte vor einem sachlich unzuständigen Gericht erhoben worden sein. Die sachliche Zuständigkeit hat das Gericht gemäß § 6 StPO in jeder Lage des Verfahrens von Amtswegen zu prüfen. Einer Rüge bedarf es nicht. Die sachliche Unzuständigkeit als Verfahrenshindernis ist demnach kein Unterfall des § 338 Nr. 4 StPO. Ein Verstoß gegen Art. 101 Abs. 1 S. 2 GG führt stets zur Begründetheit der Revision.

Die sachliche Zuständigkeit des Strafrichters sowie des Schöffengerichts ergibt sich aus den §§ 24, 25 GVG. Hiernach ist das Schöffengericht für Verbrechen sowie für diejenigen Vergehen zuständig, für die im Einzelfall eine höhere Strafe als 2 Jahre zu erwarten ist. Die rechtliche Einordnung der Tat durch das Gericht als Verbrechen könnte in Zweifel gezogen werden. In diesem Fall käme auch eine Strafe von knapp unter 2 Jahren in Betracht, so dass die Zuständigkeit des Strafrichters gegeben wäre. Die Entscheidung eines Gerichts höherer statt niedriger Ordnung ist allerdings unschädlich, wenn sie nicht objektiv auf Willkür beruht. Die Verurteilung wegen eines Verbrechens oder zu einer Freiheitsstrafe von mehr als 2 Jahren kam vorliegend ernsthaft in Betracht und war nicht willkürlich. Ein Verstoß gegen § 6 StPO i.V.m. §§ 24, 25 GVG ist nicht gegeben. Auf die exakte Einordnung der Tat als Verbrechen oder Vergehen kommt es an dieser Stelle noch nicht an.

II. Zwischenergebnis

Die notwendigen Verfahrensvoraussetzungen liegen vor.

B. Verletzung von Verfahrensvorschriften/Erfolgsaussichten einer Verfahrensrüge

I. Absolute Revisionsgründe, § 338 StPO

Zunächst kommt der absolute Revisionsgrund des § 338 Nr. 3 StPO in Betracht.

1. Mitwirkung eines abgelehnten Richters gemäß § 338 Nr. 3 StPO

Die Revision hat Erfolg, wenn der Befangenheitsantrag der Verteidigung zu Unrecht abgelehnt worden ist und der Vorsitzende dennoch an der Entscheidung mitgewirkt hat.
Der Ablehnungsantrag wurde durch das Gericht als unzulässig verworfen. Die zulässigen Ablehnungsgründe ergeben sich abschließend aus § 26a StPO, wobei sich das Gericht ausschließlich auf die Verfahrensverschleppung i.S.d. Nr. 3 beruft. Bei der Überprüfung der Entscheidung setzt das Revisionsgericht sein eigenes Ermessen an die Stelle des tatrichterlichen Ermessens.[159]
Die Verschleppung des Verfahrens als primäres Ziel der Ablehnung lässt sich dem Protokoll nicht entnehmen. Nach mehreren möglicherweise sachwidrigen Entscheidungen, Versäumnissen und der persönlichen Beleidigung des Verteidigers sowie der unsachlichen Äußerung über die Ärzteschaft lag ein

[159] *Meyer-Goßner*, (o. Fn. 2), § 338 Rn. 27.

Ablehnungsgesuch aus sachlichen Gründen nahe. Gegenteilige Indizien finden sich nicht. Die Zurückweisung des Ablehnungsgesuchs war rechtswidrig.

Nach neuerer verfassungsrechtlicher Rechtsprechung führt die rechtsfehlerhafte Zurückweisung eines Ablehnungsgesuchs unmittelbar zu einem reversiblen Fehler i.S.d. § 338 Nr. 3 StPO.[160] Darauf, ob der Antrag aus anderen, formellen oder materiellen Gründen zurückzuweisen war, kommt es nicht an. Eine hypothetische Sachprüfung dürfe nicht durchgeführt werden, da eine solche das Recht des Antragsstellers auf den gesetzlichen Richter nach Art. 101 Abs. 2 GG verletze. Das Vorliegen der Voraussetzungen des § 338 Nr. 3 StPO ergibt sich daher bereits aus der rechtswidrigen Entscheidung des Amtsgerichts über die Zulässigkeit und dem Widerspruch zu den Ablehnungsgründen des § 26a StPO.

2. Zwischenergebnis

Der absolute Revisionsgrund des § 338 Nr. 3 StPO ist gegeben. Der Beweis kann anhand des Sitzungsprotokolls geführt werden. Das Beruhen des Urteils auf dem Rechtsverstoß wird bei absoluten Revisionsgründen vermutet. Eine Rügepräklusion nach § 238 Abs. 2 StPO kommt nicht in Betracht, wenn das Gericht nach Antrag eines Beteiligten durch Beschluss entscheidet.

---

160 BVerfG, StV 2006, 673 ff.

II. Relative Revisionsgründe, § 337 StPO

Neben den absoluten Revisionsgründen kommen auch relative Revisionsgründe nach § 337 StPO in Betracht.

1. Fehlende Belehrung der Schwester nach § 52 Abs. 1 Nr. 3 StPO

Ein reversibler Fehler nach § 337 StPO könnte darin zu sehen sein, dass die Schwester des Angeklagten, die Zeugin Andresen, nicht über ihr Zeugnisverweigerungsrecht nach § 52 Abs. 1 Nr. 3 StPO belehrt worden ist und ihre Aussage dennoch verwertet wurde.

Nach der Rechtskreistheorie des BGH führt die Verletzung einer Verfahrensvorschrift zu einem Beweisverwertungsverbot, wenn durch die rechtswidrige Beweisgewinnung in den Rechtskreis des Angeklagten eingegriffen wird[161] und eine Abwägung der Interessen des Angeklagten mit den Interessen des Staates zugunsten des Angeklagten ausfällt. Fällt die Abwägung zugunsten der staatlichen Interessen aus oder schützt die Vorschrift ausschließlich den Staat oder Rechte Dritter, ist kein Verwertungsverbot gegeben.

Das Zeugnisverweigerungsrecht der Angehörigen verfolgt das Ziel, die Zwangslage der Angehörigen aufzulösen, aufgrund der Wahrheitspflicht an der Strafverfolgung eines Angehörigen mitwirken zu müssen.[162] Die Norm dient dem Schutz der Familienbande[163] und damit auch den Interessen des Angeklagten. Ein überwiegendes Interesse des Staates ist nicht zu erkennen. Für die Aussage der

---

[161] BGHSt GS 11, 213.
[162] BGHSt 2, 351 (354); 11, 213 (217).
[163] BGHSt 14, 159; 23, 221.

Schwester bestand ein Beweisverwertungsverbot.

Da die Aussage der Schwester dem Urteil zugrunde gelegt wurde und nicht auszuschließen ist, dass die Schwester anders oder gar nicht ausgesagt hätte, wenn sie ordnungsgemäß belehrt worden wäre, beruht das Urteil auf dem Fehler. Der Beweis lässt sich mit Hilfe der negativen Beweiskraft des Protokolls führen.

Fraglich ist allein, ob die Verteidigung den Verfahrensfehler nach § 238 Abs. 2 StPO hätte rügen müssen. Gerügt werden müssen alle Verfahrensverletzungen, es sei denn, es handelt sich um von Amts wegen vorzunehmende und unverzichtbare Handlungen des Vorsitzenden oder um Verfahrensvorschriften, die keinerlei Entscheidungsspielraum lassen. Die Belehrungsvorschriften werden als solche unverzichtbaren und von Amts wegen vorzunehmenden Prozesshandlungen angesehen. Eine Rüge war daher entbehrlich.

Es liegt ein relativer Revisionsgrund vor.

2. Einführung des Vernehmungsprotokolls durch Vorhalt

Ein relativer Revisionsgrund nach § 337 StPO könnte auch darin zu sehen sein, dass das Gericht seiner Entscheidung die Aussage des Zeugen Ernst zugrunde legt, obwohl sich dieser auch nach dem Vorhalt des Vernehmungsprotokolls an nichts erinnerte, sondern nur bekundet, es werde wohl so gewesen sein, wie er es damals zu Protokoll gegeben habe. Hierin könnte ein Verstoß gegen §§ 261, 249 Abs. 1 StPO liegen.

Das Protokoll über die Vernehmung des Angeklagten stellt eine Urkunde i.S.d. § 249 Abs. 1 StPO dar. Urkunden können – unabhängig von der rechtlichen Zulässigkeit in diesem Fall – nur durch Verlesung in den Prozess eingeführt werden. Der Vorhalt genügt den Anforderungen des § 249 Abs. 1 StPO nicht. Es handelt sich hierbei lediglich um eine Vernehmungshilfe, die nicht selbst Grundlage der Überzeugungsbildung des Gerichts ist. Verwertbar ist daher nach einem Vorhalt nur das, woran sich der Zeuge nach dem Vorhalt wieder erinnert, was ihm also in die Erinnerung zurückgekehrt ist und nun von ihm bekundet werden kann[164], weil Beweismittel bei der Vernehmung nur der Zeuge und nicht die Urkunde ist.

Vorliegend konnte sich der Zeuge Ernst auch nach Vorhalt nicht an die Vernehmung des Angeklagten erinnern. Die Vermutung, damals alles richtig zu Protokoll gegeben zu haben, genügt nicht, um den Vorhalt zum Gegenstand der Aussage zu machen. Der Zeuge Ernst hat damit nämlich nicht den Inhalt der ihm vorgehaltenen Urkunde aus seiner Erinnerung bestätigt, sondern nur generell ein Wahrscheinlichkeitsurteil auf Grundlage üblicher Geschehensabläufe gefällt. Das Protokoll wurde nicht ordnungsgemäß in den Prozess eingeführt. Der Zeuge Ernst konnte nichts bekunden. Es liegt damit ein Verstoß gegen die §§ 261, 249 Abs. 1 StPO vor.

Da der Inhalt des Protokolls dem Urteil zugrunde gelegt wurde, beruht das Urteil auch auf dem Fehler. Der Beweis des Fehlers lässt sich mit dem Protokoll führen.

Fraglich ist allein, ob die Verteidigung den Verfahrensfehler rechtzeitig gerügt hat oder ob die Rüge möglicherweise gemäß § 238 Abs. 2 StPO präkludiert ist. Nach § 238 Abs. 2 StPO muss der

[164] *Meyer-Goßner*, (o. Fn. 2), § 249 Rn. 28.

Fehler nur binnen der Hauptverhandlung gerügt werden. Eine unmittelbare Rüge ist nicht erforderlich. Die Rüge ist demnach rechtzeitig erfolgt. Ein weiterer relativer Revisionsgrund ist gegeben.

3. Verwertung trotz fehlender Belehrung des Angeklagten

Möglicherweise bestand nicht nur für die Aussage der Schwester, sondern auch für die Aussage des Zeugen Ernst ein umfassendes Beweisverwertungsverbot, das neben der fehlerhaften Einführung des Protokolls zu Begründetheit der Revision führt. Ein solches könnte sich vorliegend aus einem Verstoß gegen die polizeiliche Belehrungspflicht nach §§ 163a Abs. 4, 136 Abs. 1 StPO ergeben. Der Angeklagte hätte hiernach vor seiner Vernehmung bei der Polizei über sein Schweigerecht belehrt werden müssen. Die Vorschrift des § 136 StPO dient der Durchsetzung der Grundsätze des rechtlichen Gehörs aus Art. 103 Abs. 1 GG sowie des Nemo-Tenetur-Prinzips und soll vorrangig die Rechte des Beschuldigten wahren. Ein Verstoß gegen die Belehrungspflicht löst damit nach der Rechtskreistheorie ein umfassendes Beweisverwertungsverbot aus. Gegen dieses Beweisverwertungsverbot hat das Gericht verstoßen.
Der Verstoß wurde rechtzeitig gerügt und, wie sich aus dem Protokoll ergibt, beruht das Urteil auf der Verwertung der Aussage.
Die Revision verspricht auch insoweit Erfolg.

4. Ablehnung des Antrags auf Vernehmung der Ehefrau des Angeklagten

In der Ablehnung des Antrags der Verteidigung auf Vernehmung der Ehefrau des Angeklagten könnte ein reversibler Fehler nach §§ 337,

244 Abs. 3 S. 2 StPO liegen.

Die Verteidigung hatte beantragt, die Ehefrau des Angeklagten als Zeugin über dessen Motive zu vernehmen. Das Gericht wies den Antrag mit der Begründung zurück, die Ehefrau werde sich als enge Vertraute des Angeklagten auf ihr Zeugnisverweigerungsrecht berufen und falls nicht, sei ihre Aussage nahezu wertlos.

In Betracht kommt daher eine Zurückweisung des Antrags wegen vollkommener Uneignung des Beweismittels.

Gemäß § 244 Abs. 3 S. 2 StPO müsste die Ehefrau dann als Zeugin absolut ungeeignet sein.

Absolut ungeeignet ist ein Zeuge, der wegen dauernder körperlicher oder geistiger Gebrechen oder wegen einer vorübergehenden geistigen Störung, überhaupt keine Wahrnehmungen machen konnte, der über innere Umstände einer anderen Person aussagen soll, ohne dass äußere Umstände einen Rückschluss zulassen, oder der offenkundig und beständig gegenüber Polizei, Staatsanwaltschaft und Gericht sein Zeugnis verweigert, so dass sich der Schluss aufdrängt, er werde auch in der Hauptverhandlung von seinem Zeugnisverweigerungsrecht Gebrauch machen.[165]

Die Ehefrau des Angeklagten hat zahlreiche Gespräche mit dem Angeklagten geführt, aus denen sie auf seine Motive schließen konnte. Zumindest den Ablauf der Gespräche hätte sie als eigenes Erleben schildern können. Anhaltspunkte dafür, dass sie freiwillig von ihrem Zeugnisverweigerungsrecht gebrauch machen würde, hatte das Gericht nicht. Die Ehefrau hat sich zu keinem Zeitpunkt auf

---

[165] *Meyer-Goßner*, (o. Fn. 2), § 244 Rn. 59.

ihr Zeugnisverweigerungsrecht berufen, sondern wurde bisher lediglich nicht befragt. Eine absolute Uneignung der Ehefrau als Zeugin ist nicht zu erkennen.

Auch mit dem Argument, der Aussage der Ehefrau komme kein oder nur ein geringer Beweiswert zu, kann das Gericht nicht durchdringen. Im Strafprozess gilt das Verbot der Beweisantizipation.[166] Die zulässigen Ablehnungsgründe sind in § 244 Abs. 3, 4 StPO abschließend aufgezählt. Solange die Eignung eines Beweismittels nicht vollkommen ausgeschlossen ist, ist dem Gericht die Ablehnung eines Beweisantrags mit der Begründung, der Beweiswert sei gering, verwehrt.[167] Ein geminderter, geringer oder zweifelhafter Beweiswert darf der völligen Ungeeignetheit nicht gleichgesetzt werden.[168]

Das Gericht hat durch die Ablehnung des Beweisantrags gegen § 244 StPO verstoßen.

Da nicht auszuschließen ist, dass die Ehefrau des Angeklagten die vorgebrachten, entlastenden Tatsachen tatsächlich bekundet hätte, beruht das Urteil auf dem Verstoß. Das Protokoll enthält alle zum Beweis notwendigen Informationen und die Verteidigung hat den Verstoß rechtzeitig gerügt. In der Ablehnung des Antrags ist ein reversibler Fehler nach §§ 337, 244 Abs. 3 S. 2 StPO zu sehen.

---

[166] *Meyer-Goßner*, (o. Fn. 2), § 244 Rn. 46.
[167] BGHSt 23, 176 (188).
[168] BGH, NStZ 1997, 503 (504).

C. Verletzung von sachlich-rechtlichen Vorschriften/Erfolgsaussichten einer Sachrüge

Möglicherweise sind dem erkennenden Gericht auch Fehler bei der sachlich-rechtlichen Beurteilung des Falles unterlaufen.

Anmerkung: Eine vollendete Tötung auf Verlangen kommt nicht in Betracht, da die Mutter des Angeklagten überlebte. Es ist daher mit der versuchten Tötung auf Verlangen zu beginnen.

I. Strafbarkeit wegen versuchter Tötung auf Verlangen nach §§ 216 Abs. 1, 2, 22, 23 Abs. 1 StGB durch Verabreichen des überdosierten Schmerzmittels

Der Angeklagte könnte sich wegen versuchter Tötung auf Verlangen gemäß §§ 216 Abs. 1, 2, 22, 23 Abs. 1 StGB strafbar gemacht haben, als er seiner Mutter das Schmerzmittel injizierte.

Der Versuch ist gemäß § 216 Abs. 2 StGB strafbewehrt und seine Mutter ist nicht an dem Morphium gestorben.

1. Tatentschluss

Der Angeklagte müsste den notwendigen Tatentschluss aufweisen.

a) Vorsatz bezüglich des Todes seiner Mutter

Er stellte sich vor, dass die Injektion des Morphiums den Tod seiner Mutter herbeiführen würde. Er hatte Tatentschluss bezüglich des Todes der Mutter.

b) Vorsatz bezüglich des ausdrücklichen und ernsthaften Tötungsverlangens

Der Angeklagte müsste auch Vorsatz bezüglich des ausdrücklichen und ernsthaften Tötungsverlangens seiner Mutter im Zeitpunkt der Injektion gehabt haben. Unter Verlangen ist der eigene Todeswunsch im Sinne eines eigenen und tiefen Begehrens zu verstehen. Ausdrücklich meint eindeutig und unmissverständlich. Grundsätzlich muss der Sterbewillige seinen Wunsch deshalb konkret artikulieren. Ernstlichkeit setzt voraus, dass das Verlangen frei von Willensmängeln ist.

Der Angeklagte wusste, dass seine Mutter ihn unmissverständlich gebeten hatte, ihr eine tödlich wirkende Dosis Morphium zu verabreichen, und stellte sich auch vor, dass seine Mutter den Entschluss freiverantwortlich gefasst hat. Er hatte Vorsatz bezüglich eines ausdrücklichen und ernsthaften Tötungsverlangens.

c) Vorsatz bezüglich des Bestimmens

Der Angeklagte müsste Vorsatz bezüglich des Merkmals „bestimmen“ gehabt haben. Bestimmen liegt vor, wenn das Verlangen des Sterbewilligen kausal für den Tötungsentschluss war. Bei mehreren Handlungsmotivationen, die zu einem Motivbündel zusammengefasst sind, ist auf das Leitmotiv abzustellen. Der Angeklagte handelte nach den gerichtlichen Feststellungen vorrangig aufgrund des Sterbewunsches der Mutter. Seine Hauptmotivation wurde lediglich von den finanziellen Aspekten der Tat gestützt. Weitere Motivationen schließen das Merkmal „bestimmen“ jedoch nicht aus. Der Angeklagte handelte daher auch insoweit vorsätzlich.

d) Vorsatz bezüglich seiner Täterschaft

Fraglich ist jedoch, ob der Angeklagte sich eine Tötung auf Verlangen oder lediglich eine straflose Beihilfe zum Selbstmord vorstellte.

Die Abgrenzung zwischen Beihilfe zum Selbstmord und Tötung auf Verlangen erfolgt nach Tatherrschaftskriterien.

Nach dem BGH liegt Tatherrschaft dann vor, wenn der Täter das Geschehen bis zuletzt in den Händen hält und das Opfer den Tod nur duldend entgegen nimmt.[169] Maßgebend ist dabei eine Gesamtbetrachtung unter besonderer Berücksichtung der Einstellung des Opfers zum Tod. Nach der Literatur liegt die notwendige Tatherrschaft dann vor, wenn das Opfer nach dem Tatbeitrag des anderen nicht mehr die freie Entscheidung über Leben und Tod hat, also von fremder Hand über die Schwelle des Todes geführt wird.[170] Es wird insofern auf die Entscheidungsfreiheit des Opfers im todbringenden Moment abgestellt.

Der Angeklagte wusste, dass er seiner Mutter die Spritze verabreicht und Art und Weise sowie den genauen Zeitpunkt der Injektion bestimmt. Er wusste auch, dass seine Mutter sterben wollte und sich bereits seit längerem mit Ihrem Schicksal abgefunden hatte und dass sie nach der Injektion keinen Einfluss mehr auf ihr Weiterleben haben würde. Er stellte sich damit sowohl Tatherrschaft bei einer Gesamtbetrachtung als auch Tatherrschaft im todbringenden

---

[169] BGHSt 19, 135 (139).
[170] Schönke/Schröder – *Eser*, (o Fn. 32), § 216 Rn. 11 m.w.N.

Moment vor. Beide Ansichten kommen zum selben Ergebnis. Der Angeklagte hat täterschaftlich gehandelt. Eine straflose Beihilfe zum Selbstmord scheidet aus.

e) Abgrenzung aktive, indirekte und passive Sterbehilfe

Des Weiteren ist fraglich, ob sich der Angeklagte eine strafbare aktive Sterbehilfehandlung oder eine straflose indirekte (aktive) oder passive Sterbehilfehandlung vorstellte.

Unter aktiver Sterbehilfe, der Hilfe zum Sterben, versteht man das Durchführen lebensverkürzender Maßnahmen aufgrund des tatsächlichen oder mutmaßlichen Willens einer Person. Die aktive Sterbehilfe ist grundsätzlich nach § 216 StGB strafbar. Eine Ausnahme bildet die sogenannte indirekte oder auch indirekte aktive Sterbehilfe. Die indirekte Sterbehilfe ist dadurch gekennzeichnet, dass sich der Tod lediglich als ungewollte Nebenfolge einer medizinisch notwendigen Schmerzbehandlung darstellt. Die indirekte Sterbehilfe ist nicht strafbewehrt, die Erklärungsansätze zahlreich. Vereinzelt wird schon eine Tötungshandlung verneint, da die Behandlung auf Schmerzlinderung ziele, teilweise wird die Strafbarkeit aus Schutzzweckerwägungen verneint, aber überwiegend werden Rechtfertigungslösungen über Pflichtenkollision oder Notstand nach § 34 StGB angenommen.

Unter passiver Sterbehilfe, der Hilfe im Sterben, versteht man das bewusste Sterbenlassen, also die Einstellung lebensverlängernder Maßnahmen bei tödlich erkrankten oder verletzten Patienten. Auch die passive Sterbehilfe ist grundsätzlich straflos.

Der Angeklagte stellte sich nicht vor, dass seine Mutter bereits in den Sterbeprozess eingetreten war und er lediglich die Weiterbehandlung einstellen würde. Auch stellte er sich nicht vor, dass die von ihm verabreichte Dosis vorrangig der Schmerzbekämpfung diente und der Tod lediglich die unvermeidbare Nebenfolge wäre. Er verabreichte vorsätzlich eine zu hohe und medizinisch nicht indizierte Menge, um den Tod seiner Mutter herbeizuführen. Der Angeklagte stellte sich daher eine aktive Sterbehilfe vor. Er hatte Vorsatz bezüglich einer Tötung auf Verlangen.

Anmerkung: Die Abgrenzung zwischen aktiver, indirekter aktiver und passiver Sterbehilfe muss nicht im Tatbestand vorgenommen werden. Häufig wird die Abgrenzung auch erst in der Rechtswidrigkeit diskutiert, da sich die Einordnung unmittelbar auf die jeweiligen Rechtfertigungsgründe auswirkt. Die Prüfung im Tatbestand ist möglich, da vereinzelte Stimmen bereits den Tatbestand verneinen, sofern eine indirekte oder passive Sterbehilfe gegeben ist.

2. Unmittelbares Ansetzen

Indem der Angeklagte die tatbestandliche Ausführungshandlung vornahm, hat er nach allen Ansichten unmittelbar zum Versuch angesetzt.

3. Rechtswidrigkeit

Der Angeklagte müsste rechtswidrig gehandelt haben.

a) Einwilligung

Bei der aktiven Sterbehilfe entfällt die Rechtswidrigkeit nicht aufgrund der Einwilligung der Mutter. Das Leben ist, wie sich § 216 StGB entnehmen lässt, solange ein Dritter die Tatherrschaft ausübt grundsätzlich nicht disponibel. Eine Ausnahme wird in der Rechtsprechung und Teilen der Literatur wegen des Bedürfnisses eines menschenwürdigen Sterbens für die indirekte und passive Sterbehilfe gemacht. In diesen Fällen wird dem Patienten als Ausdruck der allgemeinen Handlungsfreiheit und des Rechts auf körperliche Unversehrtheit ein Selbstbestimmungsrecht zugebilligt. Dies gilt nicht im Rahmen der aktiven Sterbehilfe. Die Patientenautonomie wird insoweit eingeschränkt.

Die Einwilligung führt daher vorliegend lediglich zur Privilegierung des Angeklagten über § 216 Abs. 1 StGB und nicht zur Rechtfertigung.

b) Rechtfertigender Notstand nach § 34 StGB

Der Angeklagte könnte über § 34 StGB, Notstand, gerechtfertigt sein.

Dann müsste eine Notstandslage bestanden haben.

Als gefährdetes Rechtsgut könnte an das Recht auf würdevolles Sterben gedacht werden, doch bereits an der Gegenwärtigkeit kann man zweifeln, da seine Mutter noch nicht in den Sterbeprozess eingetreten war.

Eine Rechtfertigung scheitert aber spätestens an der Notstandshandlung. Die vorsätzliche Tötung seiner Mutter mit einer zu hohen Dosis Schmerzmittel müsste erforderlich gewesen sein, um die Gefahr für ihr Recht auf würdevolles Sterben abzuwenden. Als milderes Mittel wird vor dem Hintergrund des Art. 2 II GG und der Einwilligungssperre des § 216 Abs. 1 StGB die Schmerzbehandlung angesehen. Erst, wenn die notwendige Schmerzbehandlung zwangsläufig zum Tode führt und damit ein Fall der indirekten Sterbehilfe vorliegt oder wenn der Sterbeprozess bereits begonnen hat, sind die Rechtfertigungsgründe der Einwilligung und des Notstands eröffnet.

c) Rechtfertigende Pflichtenkollision

Gleiches gilt für eine rechtfertigende Pflichtenkollision. Eine Pflicht des Arztes zur Sterbebegleitung greift erst ein, wenn der Sterbeprozess bereits begonnen hat. Hieran fehlt es. Der Angeklagte ist demnach auch nicht über eine Pflichtenkollision gerechtfertigt.

3. Schuld

Der Angeklagte könnte entschuldigt sein.

Bezüglich eines Notstand nach § 35 StGB fehlt es an einer Gefahr für Leben, Leib und Freiheit. Eine Entschuldigung nach § 35 StGB scheidet aus.

Auch ein übergesetzlicher Notstand kommt nicht in Betracht. Nach einer Ansicht greift der übergesetzliche Notstand nur für Lebensgefahren. Selbst wenn man die Gefahr für ein anderes hochrangiges Rechtsgut ebenfalls genügen lässt, scheitert erneut das Merkmal der Erforderlichkeit.

Er hat schuldhaft gehandelt.

4. Strafe

Der Angeklagte könnte jedoch gemäß § 24 Abs. 1 StGB strafbefreiend vom Versuch zurückgetreten sein.

a) Kein Fehlschlag

Der Versuch war nicht fehlgeschlagen.

b) Unbeendet/beendet

Der Angeklagte stellte sich vor, dass er nichts weiter unternehmen müsste, um den Erfolg herbeizuführen. Er hielt seinen Versuch demnach für beendet und musste den Erfolg aktiv verhindern. Dies hat er durch das Verabreichen des Adrenalins getan.

c) Freiwillig

Der Angeklagte müsste auch freiwillig gehandelt haben. Nach der Frank'schen Formel handelt freiwillig, wer den Erfolg noch herbeiführen kann, aber nicht mehr will, und unfreiwillig, wer den Erfolg noch herbeiführen will, aber nicht mehr kann. Der Angeklagte wollte den Erfolg nicht mehr herbeiführen, obwohl er es noch konnte. Er handelte nach der Frank´schen Formel freiwillig. Nach anderer Definition handelt freiwillig, wer aus autonomen Motiven handelt. Die Angst vor Strafe oder die Ermahnung durch die Schwester schließt den Rücktritt hierbei nicht aus. Die endgültige Entscheidung hat der Angeklagte für sich getroffen. Der Angeklagte handelte demnach freiwillig.

5. Ergebnis

Der Angeklagte hat sich nicht wegen versuchter Tötung auf Verlangen nach §§ 216 Abs. 1, 2, 22, 23 Abs. 1 StGB strafbar gemacht.

II. Strafbarkeit wegen versuchten Totschlags gemäß §§ 212 Abs. 1, 22, 23 Abs. 1 StGB und versuchten Mordes gemäß §§ 211, 22, 23 Abs. 1 StGB durch Injizieren des überdosierten Schmerzmittels

Eine Strafbarkeit wegen versuchten Totschlags und versuchten Mordes kommt neben der versuchten Tötung auf Verlangen trotz Rücktritts nicht in Betracht. Zwar ist das Verhältnis zwischen Totschlag, Mord und Tötung auf Verlangen in Rechtsprechung und Literatur umstritten. Den Ansichten ist jedoch gemein, dass für Totschlag und Mord kein Raum bleibt, wenn der Tatbestand einer Tötung auf Verlangen vorliegt. In der Rechtsprechung wird § 216 StGB als selbständiges Sonderdelikt mit umfassender Sperrwirkung gegenüber anderen Tötungsdelikten angesehen. Nach Ansicht der Literatur geht § 216 StGB den §§ 211, 212 StGB als Privilegierungstatbestand vor. Einer Stellungnahme bedarf es daher nicht.[171]

[171] Nach einer Minderansicht soll der Mord Vorrang vor der Tötung auf Verlangen beanspruchen. Auf diese selten vertretene Literaturansicht muss innerhalb einer praxisorientierten Klausur im 2. Staatsexamen nicht eingegangen werden, zumal auch insoweit der Rücktritt Platz greifen würde. Eine Stellungnahme dürfte aber keinesfalls zu Punktabzügen führen.

III. Strafbarkeit wegen gefährlicher Körperverletzung gemäß § 224 Abs. 1 Nr. 1, 5 StGB durch Injizieren des überdosierten Schmerzmittels

Der Angeklagte könnte sich wegen gefährlicher Körperverletzung nach § 224 Abs. 1 Nr. 1, 5 StGB strafbar gemacht haben, als er seiner Mutter das Morphium injizierte.

1. Tatbestand

Er müsste den Tatbestand verwirklicht haben.

a) Grundtatbestand

Nach heute einhelliger Ansicht schließen sich Körperverletzungs- und Tötungsvorsatz nicht aus. Der Angeklagte hat somit durch die Injektion zugleich vorsätzlich die Gesundheit seiner Mutter geschädigt. Eine körperliche Misshandlung liegt nicht vor, da der Einstich mit der Injektionsnadel durch einen ausgebildeten Arzt die Erheblichkeitsschwelle nicht überschreitet. Die Injektion des Morphiums beeinträchtigt das Wohlbefinden der Mutter ebenfalls nicht, sondern verbessert ihren Zustand.

b) Qualifikationstatbestand

Möglicherweise hat der Angeklagte auch den Qualifikationstatbestand des § 224 Abs. 1 StGB verwirklicht.

aa) Nr. 1

Der Angeklagte könnte ein Gift verabreicht haben. Gift ist jeder organische oder anorganische Stoff, der unter bestimmten

Bedingungen, z.B. Verschlucken, Injizieren, u.ä., durch chemische oder chemisch-physikalische Wirkung nach seiner Art und Menge geeignet ist, ernsthafte gesundheitliche Schäden zu verursachen. Das Morphium hat eine entsprechend schädliche Wirkung auf den menschlichen Körper, die sogar zum Tode führen kann, und stellt damit ein Gift im Sinne des § 224 Abs. 1 Nr. 1 StGB dar.

bb) Nr. 2

Der Angeklagte könnte auch ein gefährliches Werkzeug verwendet haben. Ein gefährliches Werkzeug ist ein Gegenstand, der nach seiner objektiven Beschaffenheit und der Art seiner Verwendung im Einzelfall geeignet ist, erhebliche Verletzungen herbeizuführen. Der Angeklagte setzte die Injektionsnadel als erfahrener Arzt zur Verabreichung des Morphiums ein. Der Einsatz der Spritze zum Zwecke der Injektion durch geschulte Personen wird nicht als gefährlich eingestuft. Fraglich ist jedoch, wie es sich auswirkt, dass der Inhalt gefährlich war. Nach herrschender Meinung ist nur auf die Gefährlichkeit des Werkzeugs abzustellen und nicht auf dessen Inhalt. Die Gegenauffassung bezieht auch den Inhalt im Rahmen einer Gesamtbetrachtung ein und gelangt so zu einem gefährlichen Werkzeug. Dieser Ansicht kann jedoch nicht gefolgt werden, da das Gift selbständig von Nr. 1 erfasst wird. Der Begriff gefährliches Werkzeug betrifft allein die Form des Verabreichens und die hiermit verbundenen weiteren Gefahren für die körperliche Unversehrtheit. Der Angeklagte hat demnach kein gefährliches Werkzeug verwendet.

cc) Nr. 5

Der Angeklagte könnte die Körperverletzung auch mittels einer das Leben seiner Mutter gefährdenden Behandlung begangen haben. Ob die Tat abstrakt oder konkret lebensgefährdend sein muss, ist umstritten.

Die Rechtsprechung lässt es ausreichen, wenn die Behandlung wegen ihrer allgemeinen Gefährlichkeit dazu geeignet ist, eine Lebensgefahr zu begründen.[172] Sie stellt allein auf die abstrakte Gefährlichkeit einer Handlung ab, so dass die Lebensgefahr tatsächlich nicht eintreten muss. Nach der Gegenansicht soll nur eine konkrete Lebensgefährdung ausreichen.[173]

Das Leben der Mutter war konkret gefährdet, da ihre Atmung bereits ausgesetzt hatte, so dass der Angeklagte nach beiden Ansichten den Tatbestand der Nr. 5 verwirklicht hat.

c) Vorsatz

Der Angeklagte handelte vorsätzlich.

2. Rechtswidrigkeit

Fraglich ist, ob die Körperverletzung durch den Angeklagten gerechtfertigt ist.

a) Einwilligung

In Betracht kommt zunächst eine rechtfertigende Einwilligung.

---

[172] BGHSt 2, 163; 36, 9; OLG Köln, NJW 1983, 2274.

[173] Schönke/ Schröder – *Stree*, (o. Fn. 32), § 224 Rn. 12; *Stree,* Jura 1980, 281, 291 ff; *Schröder*, JZ 1967, 522.

aa) Disponibles Rechtsgut

Die körperliche Unversehrtheit der Mutter müsste ein disponibles Rechtsgut darstellen. Grundsätzlich ist die körperliche Unversehrtheit disponibel, wie sich aus § 228 StGB ergibt. Eine Ausnahme wird wegen § 216 Abs. 1 StGB jedoch gemacht, sofern die Körperverletzung zum Tode führen soll. Das Rechtsgut Leben schlägt auf das Rechtsgut körperliche Unversehrtheit durch. Tötungshandlungen dürfen nicht durch fremde Hand vorgenommen werden.

bb) Zwischenergebnis

Die Mutter des Angeklagten konnte nicht wirksam in die Körperverletzung einwilligen.

b) Notstand nach § 34 StGB

Für den Notstand im Rahmen der Körperverletzung gelten die Ausführungen zur Tötung auf Verlangen entsprechend. Der Angeklagte hätte eine Schmerzbehandlung durchführen müssen und ist nicht gerechtfertigt.

3. Schuld

Er handelte auch schuldhaft.

4. Strafe

Seine Strafe entfällt auch nicht wegen tätiger Reue analog §§ 84a, 306e, 314a StGB, da Voraussetzung einer Analogie stets eine planwidrige Regelungslücke ist. Die Vorschriften zur tätigen Reue wurden allerdings erst auf besondere Tatbestände beschränkt und gezielt eingeführt. Eine Regelungslücke ist nicht zu erkennen.

5. Ergebnis

Der Angeklagte hat sich wegen gefährlicher Körperverletzung nach § 224 Abs. 1 Nr. 1, 5 StGB strafbar gemacht.

IV. Strafbarkeit wegen schwerer Körperverletzung gemäß § 226 Abs. 1 Nr. 3 StGB durch Verabreichen des überdosierten Schmerzmittels

Der Angeklagte könnte sich wegen schwerer Körperverletzung gemäß § 226 Abs. 1 Nr. 3 StGB strafbar gemacht, als er seiner Mutter das Morphium verabreichte.

1. Tatbestand

Er müsste den Tatbestand erfüllt haben.

a) Grunddelikt

Der Grundtatbestand liegt vor.

b) Erfolgsqualifikation

Er müsste auch den Tatbestand der Erfolgsqualifikation erfüllt haben.

aa) Schwere Folge

Die schwere Folge ist eingetreten. Seine Mutter ist in ein schweres

Siechtum verfallen.

bb) Kausalität

Das Verabreichen des Morphiums war kausal für das Siechtum.

cc) Unmittelbarkeitszusammenhang

Neben die Kausalität im Sinne der Conditio-sine-qua-non-Formel tritt bei den erfolgsqualifizierten Delikten wegen des im Vergleich zum Grund- und Fahrlässigkeitsdelikt wesentlich erhöhten Strafrahmens der so genannte Unmittelbarkeitszusammenhang als Kriterium der objektiven Zurechnung. Die vom Grunddelikt ausgehende spezifische Gefahr muss sich danach ohne wesentliche Zwischenschritte in dem konkret eingetretenen qualifizierenden Erfolg niedergeschlagen haben.

Das Morphium hatte zu einem Atemstillstand geführt, der das Gehirn irreparabel schädigte. Die Schädigung beruht auf der Verabreichung des Morphiums und nicht auf der Abgabe des Adrenalins. Dies führte lediglich dazu, dass seine Mutter überlebte. Das schwere Siechtum seiner Mutter beruht damit auf dem vom Angeklagten verursachten Körperverletzungserfolg. Es lagen keine wesentlichen Zwischenglieder zwischen Körperverletzung und besonderer Folge. Der Unmittelbarkeitszusammenhang ist gegeben.

dd) Fahrlässigkeit

Gemäß § 18 StGB müsste der Angeklagte hinsichtlich der schweren Folge mindestens fahrlässig gehandelt haben. Fahrlässigkeit setzt grundsätzlich eine objektive Sorgfaltspflichtverletzung bei objektiver

Vorhersehbarkeit des Taterfolgs und des Kausalverlaufs in seinen wesentlichen Zügen voraus. Nach überwiegender Ansicht liegt die Sorgfaltspflichtverletzung im Rahmen der erfolgsqualifizierten Delikte bereits in der Verwirklichung des Grunddelikts, so dass es lediglich auf die Vorhersehbarkeit ankommt.[174]

Das die Injektion einer Überdosis Morphium zu Atemstillstand und in Folge dessen zu Gehirnschäden führen kann, ist objektiv vorhersehbar. Der Angeklagte hat den Erfolg fahrlässig verursacht.

2. Rechtswidrigkeit und Schuld

Die Annahme des Angeklagten, nicht wegen eines Verbrechens bestraft werden zu können, stellt keinen Irrtum nach § 16 oder § 17 StGB dar. Er betrifft lediglich die Höhe der zu erwartenden Strafe.

Der Angeklagte handelte rechtswidrig und schuldhaft.

3. Strafe

Fraglich ist, wie es sich auswirkt, dass der Angeklagte sich durch seinen Rücktritt bezüglich des anzuwendenden Strafrahmens selbst schlechter stellt. Die schwere Körperverletzung ist im Mindestmaß mit einer Freiheitsstrafe von einem Jahr bedroht. Die Tötung auf Verlangen nur mit einer Mindeststrafe von 6 Monaten.

Hierin könnte ein Wertungswiderspruch liegen, den es aufzulösen gilt. Der Rücktritt soll dem Täter eine Goldene Brücke in die Legalität bauen und zu seiner Besserstellung führen. Hierdurch erhofft man sich einen verbesserten Opferschutz, da der Täter einen Anreiz hat,

---

[174] BGHSt 24, 215; *Fischer*, 56. Aufl. 2009, § 227 Rn. 7a m.w.N.

von seiner Tat Abstand zu nehmen und sein Verhalten nach Eintritt in das Versuchsstadium nicht ohne Bedeutung ist. Das Ziel des Rücktrittes wäre verfehlt, wenn der Täter sich bei rechtstreuem Verhalten einer höheren Strafe ausgesetzt sähe, als bei rechtswidrigem Verhalten. Auf der anderen Seite hat der Sterbewillige nur unter der Bedingung in seinen Tod eingewilligt, dass dieser auch nach Kräften herbeigeführt werde. Eine schwere Behinderung als Zwischenstadium wird von der Einwilligung grundsätzlich nicht gedeckt.

Die Einwilligung des Sterbewilligen steht jedoch im Widerspruch zur geltenden Rechtsordnung. Sie kann den Zurücktretenden nicht stärker binden als das geltende Recht und muss insofern bei der rechtlichen Bewertung der Ziele des Rücktritts und den härteren Folgen der schweren Körperverletzung unberücksichtigt beleiben. So geht die herrschende Meinung auch geschlossen von einem Wertungswiderspruch aus.[175] Wie der Wertungswiderspruch zu lösen ist, ist umstritten.

a) Strafrahmenverschiebung

Nach einer Ansicht findet auf die vollendete gefährliche oder schwere Körperverletzung der Strafrahmen der vollendeten Tötung auf Verlangen Anwendung. Es wird zugunsten des Täters eine Gesamtanalogie zu den §§ 226 und 216 StGB gebildet und der Tatbestand dabei dem § 226 StGB, der Strafrahmen jedoch dem § 216 StGB entnommen. Der Angeklagte wäre nach dieser

---

[175] *Fischer*, (o. Fn. 174), § 216 Rn. 15 m.w.N.

Auffassung aus dem Strafrahmen des § 216 StGB zu bestrafen. Die Mindeststrafe betrüge sechs Monate.

b) Sperrwirkung gegenüber §§ 224, 226 StGB

Nach anderer Auffassung werden die §§ 224, 226 StGB auch nach Rücktritt von § 216 StGB gesperrt.[176] Eine Bestrafung kann nach dieser Auffassung nur aus § 223 StGB erfolgen. Der Strafrahmen würde sich nach § 223 StGB richten. Eine Mindeststrafe ist in § 223 Abs. 1 StGB nicht vorgesehen. Sie beträgt gemäß § 40 Abs. 1 StGB fünf Tage.

c) Minder schwerer Fall

Eine weitere Auffassung nimmt im Falle des Rücktritts von der Tötung auf Verlangen stets einen minder schweren Fall des § 26 StGB an.[177] Die Mindeststrafe für einen minder schweren Fall der schweren Körperverletzung beträgt gemäß § 226 Abs. 3 StGB sechs Monate. Die Strafzumessung ist nach allen Ansichten fehlerhaft.

d) Stellungnahme

Die besten Argumente sprechen für eine analoge Anwendung des Strafrahmens aus § 216 Abs. 1 StGB auf die schwere Körperverletzung. Die Einwilligung in die todbringende Körperverletzung führt, wie bereits gezeigt, nicht zu einer Rechtfertigung, sondern lediglich zur Anwendung des

---

[176] *Fischer*, (o. Fn. 174), § 216 Rn. 15; Schönke/Schröder – *Eser*, (o. Fn. 32), § 212 Rn. 25.

[177] LK – *Jähnke*, 11. Aufl. 2002, § 216 Rn. 20.; *Jäger*, JuS 2000, 31 (37).

privilegierenden Strafrahmens von § 216 StGB. Die schweren Folgen sind notwendiges Zwischenstadium zum Tod und werden deshalb zunächst von der Einwilligung erfasst. Auch die schweren Folgen unterliegen der Privilegierung des § 216 Abs. 1 StGB. Tritt der Täter nun von der versuchten Tötung auf Verlangen zurück oder scheitert diese, muss sich der Sterbewillige das Risiko eines Fehlschlags sowie einer Umkehr des Täters in die Legalität zurechnen lassen. Die privilegierende Wirkung der zuvor erteilten Einwilligung dauert an. Die Mindeststrafe beträgt damit analog §§ 226 Abs. 1 Nr. 3, 216 I StGB sechs Monate. Der Angeklagte hat sich nicht wegen eines Verbrechens strafbar gemacht.

4. Ergebnis

Der Angeklagte hat sich wegen schwerer Körperverletzung analog §§ 226 Abs. 1 Nr. 3, 216 Abs. 1 StGB strafbar gemacht.

V. Strafbarkeit wegen Aussetzung gemäß § 221 Abs. 1 Nr. 2, Abs. 2 Nr. 2 StGB durch das Injizieren des überdosierten Schmerzmittels

Der Angeklagte könnte sich wegen Aussetzung gemäß § 221 Abs. 1 Nr. 2, Abs. 2 Nr. 2 StGB strafbar gemacht haben, als er nach Hause ging und seine Mutter ihrem Schicksal überließ.

1. Tatbestand

a) Hilflose Lage

Seine Mutter müsste sich in einer hilflosen Lage befunden haben. Eine hilflose Lage ist ein Zustand, in dem die Möglichkeiten, sich gegen drohende Lebens- oder Gesundheitsgefahren zu wehren, gegenüber dem Normalzustand deutlich herabgesetzt sind. Die Mutter war an ihr Bett gefesselt. Sie konnte nicht alleine Aufstehen und sich in ein Krankenhaus begeben. Sie war in einer hilflosen Lage. Zu beachten ist allerdings, dass sich die Mutter aufgrund ihrer Krankheit in einer hilflosen Lage befand und nicht aufgrund der Injektion. Die Injektion hat nur in ihrer hilflosen Lage eine zusätzliche Gefahr begründet. Ein Versetzen in hilflose Lage kommt demnach nicht in Betracht.

b) Im Stich lassen

Der Angeklagte müsste seine Mutter in der hilflosen Lage im Stich gelassen haben. Voraussetzung ist, dass der obhutspflichtige Täter es unterlässt, gegen den Eintritt einer drohenden Lebens- oder schweren Gesundheitsgefahr einzuschreiten. Im Gegensatz zur früheren Rechtslage kommt es nicht mehr darauf an, ob der Unterlassene von seinem Schützling räumlich getrennt ist oder nicht. Umfasst wird vielmehr jedes Verhalten, durch das sich der Täter seiner Beistandspflicht entzieht. Der Angeklagte hat seine schwer kranke Mutter nach der Injektion einer Überdosis Morphium allein zurückgelassen. Grundsätzlich ist der Angeklagte als Sohn und behandelnder Arzt Beschützergarant. Fraglich ist jedoch, wie es sich auswirkt, dass seine Mutter sterbewillig war. Nach der neueren Rechtsprechung kann aus der Garantenstellung keine Handlungspflicht abgeleitet werden, solange der Sterbewillige bei Bewusstsein ist. Die Handlungspflichten leben erst mit Eintritt der Bewusstlosigkeit erneut auf. Zu diesem Zeitpunkt hatte der

Angeklagte die Wohnung bereits verlassen. Ihn traf damit keine Garantenpflicht.

2. Ergebnis

Er hat sich nicht wegen Aussetzung strafbar gemacht.

VI. Unterlassene Hilfeleistung

Der eben angeführte Gedanke der Selbstbestimmung ist auch auf die unterlassene Hilfeleistung zu übertragen. Solange sich die Mutter in einem Zustand der freien Verantwortung befindet, greift eine Hilfspflicht nicht ein. In der Regel wird ein Unglücksfall verneint, solange die Gefährdung auf den inneren Willen des Sterbenden zurückzuführen ist. Auch in diesem Fall entsteht die Hilfeleistungspflicht erst mit der Bewusstlosigkeit. Als der Angeklagte seine Mutter verließ, war sie noch bei vollem Bewusstsein. Er hat sich auch nicht wegen unterlassener Hilfeleistung strafbar gemacht.

VII. Endergebnis und Konkurrenzen

Der Angeklagte hat sich wegen schwerer Körperverletzung analog §§ 226 Abs. 1 Nr. 3, 216 Abs. 1 StGB strafbar gemacht. Die gefährliche Körperverletzung tritt hinter der schweren Körperverletzung zurück. Der Strafrahmen ist § 216 Abs. 1 StGB zu entnehmen. Ein Verbrechen liegt nicht vor. Die Strafzumessung des Amtsgerichts ist fehlerhaft. Eine Sachrüge hätte ebenfalls Erfolg.

3. Teil: Ergebnis und Revisionsantrag

Die Revision ist zulässig und begründet. Der Antrag,

> das Urteil des Amtsgerichts Kiel – Schöffengericht – vom 01.04.2008, Az. 29 Ls 309 Js 135/08, mit den zugehörigen Feststellungen aufzuheben und die Sache zur erneuten Verhandlung und Entscheidung an das Amtsgericht Kiel – Strafrichter – zurückzuverweisen,

verspricht Erfolg.